遇缘解脱的
净土法门

Liberation by Encounter,
New Perspective of Rebirth into Pure Land

高七师　著

亚洲文化出版社
Asian Culture Press

本书由美国 Asian Culture Press 出版

Published by Asian Culture Press

444 Alaska Avenue, Suite #AZF046,

Torrance, CA 90503, United States

Edited by Dan Li (李眈) & Jane Wang (王咏苓)

Published in the United States of America

First paperback edition May 2022

本书 2022 年 5 月在美国第一次出版

导言

　　自从善导大师弘扬净土三经包含的作为果乘易行道的往生法门，净土念佛便成为东亚佛教的主流之一，乃至于今天在中国大陆从居士的实修角度而言，净土修行是佛教修行的绝对主流。

　　然而，也许由于佛教出世修行中禅定的重要，也许由于中国佛教传统中禅宗的超然地位，在中国对净土往生条件的理解或多或少的与念佛需要达到"一心不乱"相关联，"一心不乱"又总是大约的被联想为一种依靠念佛而进入的禅定状态，并非一般居士长期散念可达到的境界。同样的，"临终瑞相"也常被引为往生的征象之一。这些想法随着中国净土宗传统的固化慢慢变成很多净土修行者的长期信念，而其在佛教经典中的依据并不是确然的。

　　对于在家居士来说，其最关心的能否往生的标准，成为一种遥不可及的修行境界，一种依靠念佛在临终时达到禅定境界并表现出依此境界而产生的一些身体异象。

这样一种对净土修行需达到近乎念佛禅定状态的理解，事实上与佛教居士既需履行世间的责任，又需寻求出世间的解脱的状态相左。若实际地执行，更会陷入在临终前永不知能否解脱的苦恼与焦虑中。准提宗成立的理念便是直面在家居士修行时的两难困境，居士既要履行世间法的责任，也要希冀出世的成就，这两难如何化解？

另一方面，从中国佛教历史角度而言，在唐代中国佛教宗派极盛又经武宗灭佛遗失大量经典后，从宋代开始中国佛教的修行趋势可以称为禅净合流，太虚大师更准确地称中国佛教历史上从宋末以来的修行为台禅贤净均留归净土行[①]。其特点是透过宗门禅而融摄教律的净土行，最简单地说是以念佛为手段，达至参禅开悟的境界。而印光大师则是此后"夺禅超教律之净"的硕果，其特点为以念佛为超越参禅的解脱方式，以"力敦伦常，精修净业"概括其所推荐的居士修行。及至于当代，"精修净业"也是中国净土修行者的圭臬。但这依然没有回答我们前面提到的居士修行的两难问题，最终以不断念佛名为指归的净土修行实际而言是否意味着居士必须一生不断利用一切时间念佛名？何时一个居士才可以确定自己必定会往生？另外，太虚法师亦对印光法师对净土修行者只推荐世善遵儒行有所批评，认为其缺失了对儒教所规定的价值外其他世间价值，如"科哲文艺学术"等的支持。总之，传统净宗对当代居士修行的两难处境的解答依然是含糊的。

从实践角度而言，我作为准提法网络佛学院成立者，所接触的净土信仰者最初对净土解脱的苦恼都在于秉承这样一个信念：念佛名号遍数越多,功夫越深,念佛期间妄想、散乱越少,则往生可能性越大。这样一种想法自然地造成临终解脱上的焦虑,以及自己世间价值成就与解脱上的矛盾。如果一个人为了临终往生解脱,生前需要拿出所有精力和时间来念佛名达到近似念佛三昧的境界,普通人的资质如何做到？世间法的成就,工作的成就,人缘的维护,对家人的养护,这一切都需要时间、精力和缘分,这如何与一心精进念佛名至近乎三昧的状态所需的时间精力不相冲突？

我们,准提法网络佛学院,依赖的准提宗唯一经典《显密圆通成佛心要集》指明了居士学佛者快乐地满足世间价值的方式,即依赖准提法的加持,增长自身的福智、改善家庭环境、事业进步,也就是依赖佛力创造价值,利益自己与社会。从明代袁了凡居士的经历,到最近准提行者们福祉增加的报告,都表明了准提法极大地增加居士福报的特点。同时,《心要》还指明了一条隐秘的出世之道,与准提法和合为入世解脱的圆宗,这便是显教圆宗《普贤行愿品》最后对弥陀净土的回归。准提菩萨本为观世音菩萨的特殊化现,准提法最终如其他法门百川归海般流入弥陀净土亦是题中应有之义。也就是说,准提法提供了居士于生死之间完满的实践人间佛教的方式,而生死问题——佛教信仰者面临的根本问题,必须交予阿弥陀佛的愿力。这又回到了最初的净土宗问题,究竟达到什么标准才能往生西方极乐净土？

佛陀大智大悲，犹如预见两千多年后众生的疑问，对此问题不但解答而且备集详尽，净土往生的标准就在《佛说观无量寿佛经》内的九品往生篇。如下品下生者，仅需临终时遇善知识，教令归命无量寿佛，行者十念南无阿弥陀佛，即得往生极乐世界。显然，对何谓念佛，何谓命终，有诸多互不相同的解释，我们也会对此进行解释，提出我们的主张。九品往生看似是往生等级的罗列，其实质为净土往生标准的核心，善导大师在对此经的注疏里详尽地阐明了此点。我们对九品往生整体会给出我们认为与净土三经和善导大师的精神一贯的解释。九品往生看似是不相关联的九种等级，实际其归类上有一根本原则，对此解释最为明澈者便在曾于中国轶失千年的善导大师《观无量寿经疏》内（以下简称经为《观经》，疏为《观经疏》）。善导大师以遇缘解脱这一重要概念概括九品往生，而遇缘解脱的概念甚至超出往生法门的范围，是契合佛教缘起性空之理的佛教法门选择纲要，亦是可行大乘人间佛教的先行条件，对此我们会在本文里详细论述。

虽然我们与传统净宗看法相左，我们并不会就此认为我们依经而有的净土解脱理论是普遍正确的唯一解。我们对净土往生条件的理解，对净土往生条件的其他诠释方式与主张的态度都依赖于同一个思路，即善导大师在《观经疏》问答篇中长期被忽略的遇缘解脱这一大洞见：

《觀無量壽佛經疏》卷4[②]：「問曰：「若有解行不同邪雜人等來相惑亂，或說種種疑難，等不得往生。或云：『汝等眾生曠劫已來，及以今生身口意業，於一切凡聖身上，具造十惡、五逆、四重、謗法、闡提、破戒、破見等罪，未能除盡。然此等之罪繫屬三界惡道，云何一生修福念佛，即入彼無漏無生之國，永得證悟不退位也？』」答曰：「諸佛教行數越塵沙，稟識機緣，隨情非一。譬如世間人眼可見可信者，如明能破闇，空能含有，地能載養，水能生潤，火能成壞，如此等事悉名待對之法，即目可見，千差萬別，何況佛法不思議之力豈無種種益也。隨出一門者，即出一煩惱門也；隨入一門者，即入解脫智慧門也。為此隨緣起行，各求解脫。汝何以乃將非有緣之要行，障惑於我？然我之所愛，即是我有緣之行，即非汝所求。汝之所愛，即是汝有緣之行，亦非我所求。是故各隨所樂而修其行者，必疾得解脫也。行者當知，若欲學解，從凡至聖乃至佛果，一切無礙皆得學也。若欲學行者，必藉有緣之法，少用功勞，多得益也。

　　佛教修行者遇到的善知识时、处、机缘有别，行者所受纳随缘所爱之法门及其诠释亦差分不同，我们随缘修行、随乐修行，得各自之解脱，因此，我们将我们所爱乐的依据善导大师精神诠释的净土解脱法门称谓为大乘佛教的遇缘解脱理论。

目录

第三章　　念佛与一心不乱

第四章　　临终时刻

第一章

净土法门的成立
与遇缘解脱的概念

1.1 居士修行与净土果乘法

在末法时代,修行佛教能否入世依赖于净土法门是否成立。如果净土法门不成立,则学佛必须以出家为前提。只有净土法门成立,学佛者入世修行才得以可能。如果横出三界的路径是不存在的,那只有竖出三界,依自力修行断烦恼在三界阶梯上逐级而上才行,也就是出家的修行方式。大乘佛教修行上易行道与难行道的差别,从龙树菩萨《十住毘婆沙論》始便被提出,

"佛法有無量門,如世間道有難有易。陸道步行則苦,水道乘船則樂。菩薩道亦如是,或有勤行精進,或有以信方便易行疾至阿惟越致者。"③ "更有阿彌陀等諸佛,亦應恭敬禮拜稱其名號。""若人念我稱名自歸,即人必定得阿耨多羅三藐三菩提"。

所谓难行道是指其道路以精勤不断修行的修行为主,而易行道是以信履行的道路。因此亦可以说净土作为易行道是适合居士的法门。

从表面上看,净土法门是大乘佛教内的一个宗派,与其他

大乘法门平行,但从极乐世界的存在是入世修行依赖的原则性条件而言,净土法门就是大乘佛教与小乘佛教区隔所在。严格意义上的小乘佛教无法承认阿弥陀佛的极乐世界,也不会承认我们可以在今世的终末被接往极乐世界,极乐世界的存在距离小乘佛教的世界观最为遥远,因为严格意义上的小乘信仰者无法理解佛果位的智慧和功德,而净土法门是纯粹由佛果德建立的从佛果通向众生的法门和道路。

　　大乘与小乘佛教都要解脱个人的生死轮回烦恼之苦,小乘佛教里本人的解脱决定于本人对本人的作为,大乘佛教中解脱他人的烦恼则是本人解脱的构成性要素,因此各自所得果位不同,小乘可得阿罗汉,大乘可得佛果。小乘的阿罗汉果无法直接介入他人的解脱,而大乘的佛果,包含了佛国净土作为佛报身誓言的实现,直接介入众生的解脱。极乐净土,作为以极低的门槛接纳众生的存在,作为可被众生享用的佛果成就,是大乘佛教里自利利他菩提心的极致圆满体现,无法在小乘的世界观中容纳。在实践上,极乐净土的存在,净土法门的成立,也就决定了入世修行的合法性。否则,我们只能依循小乘的出世出家之路,在此浊世行自断烦恼的漫长艰难之路。因此,劝说更多人如自己一般入世的同时信仰净土法门,也可以走向边修行边救度的菩萨之路。

1.2 钝根与佛果

同样的,对净土作为佛果的理解也延伸到我们对大乘佛教中修行者"根器"的态度。佛教修行者常认为念佛修净土的行者是下根人,而修禅宗、密宗的学佛者有上根器。净土修行者自己也常有此想法,导致一种自卑的心态。然而,修行者从佛果的角度考虑根器这个观念,则有另一番光景。佛教作为对佛法的教导,自身便是上根器的修行者于种地,或于因地。种(zhong三声),是种子地的意思,也就是在佛修行时的时代,可称种地或因地,不是农业播种里的意思。其奋力精勤修行所结出的佛果,那么谁来享受这佛果?正是中根、下根的修行者,实际上上根人在为中下根人服务。作为下根器的修行者,我们要感恩上根人的禀赋、修行与功德,感恩他于成佛后将佛果施予我们。圣僧是果德者,便是如此道理。最上根人显然是阿弥陀佛因地时的法藏比丘,与他比,我们所有末法时代的修行者都是下根人。

另一方面,在对佛教根器的惯常理解中存在一种误解,将其与天然的禀赋对等,认为天然的不同的个人具有的不同禀赋或者说善根,上根者便是对佛教教理理解快和正确,进入禅定等修行迅速的修行者,而中下根则与之相反。依这种理解,上根人与下根人的区分被认为很显明,自己便可以看出自己的根器,善知识或者说老师更容易看出弟子各自不同的根器。然而,在《圆觉经》中明确提出根器的另一种理解:

"善男子,一切眾生皆證圓覺。逢善知識依彼所作因地法行,爾時修習便有頓漸。若遇如來無上菩提正修行路,根無大小皆成佛果。若諸眾生雖求善友遇邪見者未得正悟,是則名為外道種性邪師過謬非眾生咎。是名眾生五性差別"[④]。

可以看出,根器并不是由个人自己的禀赋决定,而决定于所遇到的善知识,所教的法门。如果遇到了大善知识进入正修行路,从佛果角度而言修行者之间便不存在根器差别,"根无大小皆成佛果"。显然我们可以说《圆觉经》的意思是根由师定,我们自己实际无法判断我们各自的根器差别,遇到大善知识教了应机正法门依之修行,便是利根或者说上根。《圆觉经》中透露出的这一从佛果角度看众生根器的主张已经暗合遇缘解脱,现在我们回到净土法门。净土法门的成立即源自佛的果德成就,我们修行者对净土法门的接纳也是源自对佛教因果的理解。

1.3 遇缘解脱的推导

下面从因果角度简要地推导遇缘解脱命题。一人今生遇到净土法门，相信净土法门，并非仅仅依赖他今世所作所修，而是他宿世修行的结果。同样的，遇到净土法门且临终往生，更是依赖于无数宿世修行及今世修行总结性的成果。净土作为果乘法是双向的，净土的存在是曾经的法藏比丘历劫修行成阿弥陀佛的结果，一个人领纳弥陀本愿往生净土也是此人宿世修行的结果。我们通过无数世的修行积累了甚多福报，才今世与净土法门相遇，才有了信解净土的因缘，佛说"不可以少善根福德因缘成就此法门"便是涵盖了宿世累积的福报。我们知道，佛教缘起论中因缘皆为条件、皆为缘，主要条件名因，次要条件为缘，不同条件相遇生成此或彼。应用于人生因果中，人之身语意行为和当时所在环境条件合为因，这会留存不同的业作为牵引未来各自关联果的潜藏力量，而果的真实出现则又决定于其要出现时合适诸缘的相遇，果出现后生命的持续存在又以此为因与各缘相遇辗转生出未来果,所以因缘因果两种佛教范畴里最重要的因素便是相遇。如何定义在人生中作为牵引果报的业力和果报出现时的条件?某类种子会长为某类大树,但需在合适的时候合适的地方有阳光、空气、水和土壤,大树方会出现。种子里不仅包含了刻画其未来大树的蓝图,也已经勾勒了将来需要什么样的外在条件才是令其能成为大树的信息。什么是合适的缘在因中已被预先勾勒,在果报出现时已被完全确定和实现。对净土法门而言,遇缘解脱便指你宿世修行的福报作为善业力成熟了,今世便遇到与你曾经修行的福报相对应的缘,这个缘包括人缘与法缘。从而决定你遇到什么样的法门,有哪种对净土的诠释和理解。法门毕竟是通过人讲的,佛教中称为善知识,不同善知识所说法门的诠释也不同。宿世福报的大小和种类决定了我们今世遇到怎样的讲法人和什么样的法门。相信这位善知识所教的法门,依之修行,便是遇缘。这些人缘法缘就决定了你的净土信仰的形态,净土法门是由信而入,不同的缘形成不同的信。学佛者对净土的信的形态有由两个要素构成,信的对象和信的程度。信的对象不同的人也有所不同:有人信只念大乘经典即可往生极乐世界;有人信一念佛号即可往生;有人信临终时念佛才能往生;有人信念到一心不乱才可往生;有人以为要七日七夜一直一心不乱才能往生;有人觉得要业力全部清净才能往生。对不同的信的对象,信的程度上又有坚信不疑,有半信半疑,深信浅信等种种差别。对净土的信的不同形态就由我们各自遇到的不同人缘法缘决定。所遇的缘又是前几世、无数世修行所得的果,所遇的不同人缘和法缘其实反映了前世修行的差异。所以一个人宿世的修行决定了缘,不同人的修行差别决定了不同的人的遇缘差异,所遇缘的差异决定了各个人不同的信的形态,信的对象里包含了往生的条件和形式,信的形态里也就规定了往生条件,基于各自信的形态内的往生条件的规定,自己依之而做,做到了则往生,未做到则进入极乐世界边缘的边地疑城。从宿世的修行到遇缘至信净土,到所信的净土往生的条件和依信而做的今世修行而至往生,是连串的因果关系。

历史上净土宗常强调净土唯信可入,而信的差别未被强调。我们需要了解,每个人的信都是有其充分的原因,有其充分的宿世因作为支撑。不同的信带来不同的行,而不同的信与行为结合,只要带有同样的向往极乐的愿望,都可往生:读诵大乘经典能往生极乐世界,一心不乱念佛也可往生,临终十念也可往生。不同的信分别看待都是不矛盾的,因为不同的人是其各自信的归属者。正如生死是落到每个人的头上的,无法与他人共享,每个人的信也都各自适合于他自身。我们不要坚持我们对净土的个人理解是普适于每个人的,我们宣说我们对净土的理解,听者接受爱乐,则按照这种理解修行获得解说,不接受不信拂袖而去,也是由他的宿世因果决定。我们不会说你这样对净土的往生条件的理解是错误的,是不符合经典的。经典入各个人心灵,展现形态各有不同,亦是各自宿世修行不同决定,我之讲经,不入你的法眼,也是我们各自缘分不同。总之,每个人所信所修作为果而言,多由其宿世因决定,每条生命在轮回之漫漫长河里在此世的展开多已被其宿世业决定了方向,能遇净土法门已是大福,不可以少善根而有,大的方向未有错误,各自所信差别即是个人生命各自倾向之种属差别,皆有其个体业因差别作为根基和理由。

在过去,人们把"信"脱离了佛教基本思维框架里的因果观,不同的信的形态并不被归于个人的宿业差别,而被视为先天的思想意识或经典解读的不同,认为这是不可调和的逻辑矛盾和理念冲突。有人说十念可以往生,有人说一心不乱可以往生,互相诽谤对方为非法。例如中国净土宗长期排斥日本净土真宗,视真宗以"信为正因、称名报恩,当生即入不退转地"为邪教,真宗亦视中国传统净宗以念佛为修行、一心不乱方可往生为违背弥陀本愿。这种因信心形态的不同而互相攻击的行为很危险,阿弥陀佛第十八愿云:

"设我得佛,十方众生至心信乐,欲生我国,乃至十念;若不生者,不取正觉。唯除五逆、诽谤正法。"

《观经》下品往生系列五逆十恶也可往生,但诽谤正法亦不在拯救之列。所以我们不要对不同的往生信念詆毁诽谤,乃至于对所有的佛教法门都不能诽谤为非法。净土作为佛果凝结出的功德,不可思议,通向它的道路并不唯一,若执守一路为真,其余为假,便是以轮回心观佛果,起轮回见。

每个学佛者各自的信念形态都是隶属于他的正法,由他所遇人缘法缘决定,他喜乐执持其中都是他的宿世业因的体现,也就是他福报的体现。福报大的人,一听极乐世界就坚信其存在,坚信阿弥陀佛的力量,坚信阿弥陀佛会在临终时自己一念便来接引他。有的人福报和前者不同,他要求自己临终前要七日七夜佛号不断,没有杂念才能招来阿弥陀佛接至净土。这两类人前世修行有异,法缘不同,各自解脱路径不同,究竟来说是个人福报缘分差异所致。每个人的信念其实是自己为自己设立的标准,修得好与不好只是用这个标准去衡量,与别人的信念,别人所设立的标准,没有关联。我们无法从一个俯瞰的、普遍的角度去说那位达到一心不乱的行者修行境界比那位只是坚信净土的行者更好,一心不乱的行者往生概率更高。反之亦然,我们也无法说那位达不到信一心不乱的行者,他妄想散乱过多,他往生的概率很低。我们作为凡夫,无法窥探他人内心,亦无法预见其未来果,亦无法看到他无始来的修行、作为、业果,也就没有能力去比较各个人信念形态是否合乎某个标准的客观根基。我们无法去劝说另一净土信仰形态的行者理念为倒错,告诉他这样无法往生,即无法就我们的往生标准而言去解脱,这样做很容易引起谤法。凡夫无法洞见不同立场后面无始业力的作为,这种洞见只有佛之境界可得,我们凡夫不要将自己拉升至佛位才有的无所不见的全知位而判断每人之好坏和往生的可能性。

这并不是说我们没有自己所认为的佛意,我们各自保有自己的立场,自己的信念,只是这信念只对自己和同样认持我之立场的同修有效,于信念不同的行者我们皆视为路径不同目标相同的同志,而不起诽谤。

究竟而言,福报缘分才是各自净土信之形态的决定要素,而福报就体现为缘分。缘分缘分,缘为相遇,分为己分。净土信念终究是归属于自己,为自己之事。

然而往生为同一事,净土三经为实存同一经典,为何各人有不同立场?我们强调信念经由缘分相遇而有的个体化,所以包容各种信念形态,也即立场,这是否与往生和经典的同一性、义理的客观性冲突?然而经典里的真理、义理亦需经由信念作为中介而传达,信念之载体亦为各人自有之无始轮回的生命,经典的诠释和所信奉的诠释终究是个体福报缘分的问题。千江有水千江月,各月之倒影位置不同,然而互不冲突,因千江有别。为什么我们会认为净土往生理论的客观同一性与个体信念的杂多主体性冲突?这是由于人很容易误解自己的信念为统一正确的真理,以月之倒影为月本身。净土宗是因信而入,如果因理而入就容易谤法,认为净土往生的标准是非此即彼,而看不到净土往生标准本来的多样性和这些多样性再个体化于各人之不同解行的杂多性。在因理而入者看来,信十念往生、信一念往生,还是一心不乱往生这道选择题的答案必须是单选。但是理论的推敲是以自己的智慧推敲佛的智慧,其中的不准确性显而易见。若净土法门需因理而入,那么偏差和动摇,理解的不断变化如影随形。每个人的修行层次不一样,理论基础不一样,理论本身的内容随着你的经历和修学程度也在变化。而信念则不同,信念可以从一而终,正如我们始终相信世界是外在于我们的,是不随我们的意志的变化而变化的。如果我们在生命中的某一点开始信任阿弥陀佛的本愿,我们将自己的生死问题交给阿弥陀佛,我们可以不再忧恼死后的解脱,直至生命终点。广义而言,信念比理性更为坚固,这一点在当代的社交媒体时代不断得到验证,因为信念比理性更依赖各个人的福报和缘分。

1.4 爱乐有缘之法

遇缘解脱这个命题并非是我们的独创,而来自善导大师注疏《观经》中的问答。下面我们简要分析善导大师这段话:

《觀無量壽佛經疏》卷 4[②] :「問曰 :「若有解行不同邪雜人等來相惑亂,或說種種疑難,諐不得往生。或云 :『汝等眾生曠劫已來, 及以今生身口意業,於一切凡聖身上,具造十惡、五逆、四重、謗法、闡提、破戒、破見等罪,未能除盡。然此等之罪繫屬三界惡道,云何一生修福念佛,即入彼無漏無生之國,永得證悟不退位也?』」答曰 :「諸佛教行數越塵沙,稟識機緣,隨情非一。 譬如世間人眼可見可信者,如明能破闇,空能含有,地能載養,水能生潤,火能成壞,如此等事悉名待對之法,即目可見,千差萬別,何況佛法不思議之力豈無種種益也。 隨出一門者,即出一煩惱門也;隨入一門者,即入一解脫智慧門也。為此隨緣起行,各求解脫。 汝何以乃將非有緣之要行,障惑於我?然我之所愛,即是我有緣之行,即非汝所求。 汝之所愛,即是汝有緣之行,亦非我所求。是故各隨所樂而修其行者,必疾得解脫也。行者當知,若欲學解,從凡至聖乃至佛果,一切無礙皆得學也。若欲學行者,必藉有緣之法,少用功勞,多得益也。」

　　善导大师设问两种人过来劝说自己不会往生,第一个设问里劝说者也是净土宗人,按此人的主张,善导无法往生,其理由是他对净土经典的理解和随之对应的修行与善导的不同;第二类怀疑者则不是净土宗人,但也是学佛者,认为依据净土三经外的佛教道理,往生净土当生成就是不可能的。传统上净土宗往往强调对第二类设问者的破斥,但我们当代学佛者面对的不是净土本身相对于外宗的成立与否,这个问题在净土成为一大宗派后已经解决;我们现在面对的问题更多是第一种设问者的立场,也就是在净土信仰者团体内部,对净土往生的标准不同、净土内部的不同派别有不同的理解和设定,并以此为唯一正确的标准,去判断其他人往生与否。善导大师对两类劝说合起来破斥,为何?这两类劝说者都具有同一特征,就是坚持自己的主张和修行准则普适于一切人且唯一正确,他们的这种我执由于其坚持是对佛意的理解,而套上了普遍的外衣。但问题就是佛经佛教法门不是一,而是多,每个人的心灵各个不同,与法门接触产生的理解和信念形态各个不同,所以善导大师对他们的破斥和对自己的立论分为两步。第一步,展示佛教法门的丰富参差:**"諸佛教行數越塵沙,稟識機緣,隨情非一。"**虽然娑婆世界仅有释迦佛陀降生过,但从大乘世界而言,法界有无数佛,每位佛陀曾经修行路径非一,成佛后所教法门应机而设,数越尘沙,一佛所教法门尚有诸多,法界内佛教法门之数不可尽数,可以说有多少种众生禀赋机缘,就有多少个佛教法门与之对应。法门与和它应机合缘众生的关系,同于**"明能破闇,空能含有,地能载养,水能生润,火能成坏"**,也就是互相合适,互相适配,互相满足,所谓"待对之法"。"待对"在大乘空宗的一般解释里通常被认为是不究竟的、不绝对的,相对的意思,这里并不是强调其不究竟和相对,而是互相满足,互相得体,也就是缘起性空的真实含义,犹如凹与凸之间的关系,互相都需求另一个。符合这种关系的东西,也就是法,**"即目可见,千差萬別"**。佛教某一法门与进入其中的众生的关系也是这种互相合适、互相得体、互相满足的关系,**"随出一門者,即出一煩惱門也;随入一門者,即入一解脫智慧門也。"**人入了一个法门,即如凹凸互补形成一完整形,人修习一个法门即会获得解脱。第二步论证则更为关键,表现在具体各人身上,应我机缘禀赋的不仅仅是一个法门、一种理解,而是我的修行。其实我们可以把一位行者所有的行为都理解为修行,这是广义的,也可以是狭义的,仅仅指佛教修行,但事实上我们信佛教的一刻,我们的行为总和、每一个行为都浸染了佛教修行。不论是哪种理解,我们的"行"都是随缘而起,是依着我的禀赋,入了一个与之对应的特定法门,产生如此个体化的修行版本,相应于我,也相应于我所入的法门。但这种于我有缘的修行要如何彰显表达呢?**"我之所愛,即是我有緣之行。"**我所爱的,就是于我有缘的。所以两类过来劝说我不得往生的人,其实都基于一种原则,就是将你之所爱强加于我,而忽略了你所爱的,你的主张,仅仅是于你有缘的修行原则,并不适用于我,"非我所求"。善导大师没有含糊其词,我所"爱"的修行他又进一步解释就是我所"乐"的修行。**"我之所愛,即是我有緣之行,即非汝所求。汝之所愛,即是汝有緣之行,亦非我所求。是故各隨所樂而修其行者,必疾得解脫也。"**有缘于我的就是我所爱乐的,你所爱乐的并不是我所爱乐的,所以你的修行原则于我无效,无缘于我,我们需做的,不是互相劝说你这样随你的版本、你爱乐的修行前进会无法解脱,无法往生,而是我们各随所乐而修行,各自迅速获得解脱。兄弟登山,和而不同。最后善导大师补充,对佛的宣教作为爱乐去修行与学解其中道理不同,爱乐是完全依赖个体化的缘迅速成就,因为所爱乐的法只是适合自己的一点点,其范围非常窄;学解则依赖理性,它不用个体化的、适合自己的缘作为道路,一切道理、一切善法从学解角度都是一样的可进入性,**"從凡至聖乃至佛果,一切無礙皆得學也"**学解所对对象范围非常宽。我们的修行是基于所爱乐的有缘之法,是个体化的,是对自己最快最有效通达于解脱的路径,于自己有缘的法的表现是爱、乐,也就是信念这样的感性态度,而不是学解里基于理性的,普遍的、无个体化、基于概念的抽象认知。

1.5 往生法门的多元与统一

　　以上是善导大师的遇缘解脱概念。在善导大师前,从未有人如此清楚明白地提到过如此圆融佛教所有宗派、化解净土内所有诤论的见地。在善导大师后,由于《观经四贴疏》的长期轶失,他如此具有创见又合缘起性空的主张一直未受重视。我们的主张依据**"不可以少善根福德成就此法门"**与信心的因果关系,对善导大师的见地延伸,这也是由于我们与善导大师《四贴疏》的相遇而提出的主张。众生各自的禀赋、机缘显然是善根福德,也就是福报的体现,各个人所爱乐的修行版本显然就是各个人所拥抱的信念形态,是每个人想走的路径。这样的路径人与人之间有差别,也就是每个人福报,每个人的禀赋机缘都可能不同。不同的人预想的往生条件不同,有人倾向临终往生,有人相信十念往生,有人认定一念便能往生,这些差别如何兼容?路径有别,数目众多,解脱目标为一,需要这样兼容方可。遇缘解脱的理论让我们不以一废多,以多夺一,一多自在无碍。前世福报决定此生解脱路径,净土往生条件的参差从缘起角度看是自然的。事实上,当善导大师以爱乐来形容自己拥抱的有缘修行,已经暗示了前世福报决定今生所遇这一意思。我们遇到一个人欲望他、爱乐他,并不决定于我自己的意志。人无法强迫自己去爱一个并不引起自己爱欲的人,当我遇到一个人,惊诧地发觉自己爱上他,也不会知道这其中的原由。我们总是先爱上一个人,再去寻找爱他的理由和原因。"情不知何起"是爱的本质之一。爱与乐都不是决定于我自己的意志,不是由我发出,而是被动的。我遇到一个人,这个相遇不由我的主观想法决定,我爱上他也是爱降临于我与他之间而产生的结果,而不是我决定的发出的动作。即使是父母与孩子之间的爱,看似是因为父母生了孩子所以有爱,其实这个孩子降生于这个家庭,并不是父母的选择,也不是孩子的选择。所有此生的爱乐这种无因感,源自其前缘注定。如果我们小时候被强迫学了一种乐器,长大了发现自己热爱上这种乐器演奏,恰好说明了爱乐的前定性。小时候戏水差点溺水的孩子,成人后因为心理的创伤会忘掉这段经历,但却会永远恐惧泳池。爱乐与其反面厌恶,都是似乎无因,其实是前定。汉字里"缘"的意象本身也可引起我们注意,缘首先含义是接触、相遇,其次"缘"的偏旁为丝带,系束为义,此生的相遇是由一条丝带牵引导向,源自前世的行为。以爱乐来比拟体现有缘法门也解释了各人修行信仰差别里最为令人困惑的地方,为何一个人会执着于他无法做到的修行版本?有人相信坐禅止观可以解脱,在今天进入四禅八定是极为困难的事,他自己也承认，但他还是矢志不渝，他也承认今生大约修不到初禅境界，我们需要劝阻他吗？我们可以将其他法门告知他，让他与其他法门相遇，但可能他依然对别的法门不感兴趣，对它们不"爱乐"，因为他与其他法门无缘。当然，更有可能的是他知难而退，在修行没有多少预期结果后，便转向别的法门，最终获得解脱，那么他前期的乐禅修行也并不是沉没成本或无用功，而是他解脱路径上的有缘法之一。这也体现有缘修行与爱不同的地方，爱一个不会爱上自己的人结果是无功而返，但修一个自己喜欢的法门，即使没有任何预期效果，善根和福报也已经种下。我们其他人对这样的修行者不要对他的修行进行劝阻或说三道四，而是展现我们的法门，我们的修行，我们的行为，让他与别的现象相遇，也许他会发现他也对此感兴趣、"爱乐"。去展现，而不是去劝谕；去相遇，而不是去说服，随缘起行也合适于面对他人的态度。

因此，净土宗内不同的往生标准都是有充分理由的，都是对的，乃至于我们可以说由这个人相应的福报，就会有相应于他所拥抱的往生标准。这并不是说，有多少众生往生，就有多少个往生标准，因为众生听信爱乐的净土版本决定于他的人缘和法缘，也就是善知识们宣说的、依据净土经典的往生标准。很多善知识们的认知是相同的，不同意见只有几种。因此我们也就宣说我们认同的，基于善导大师最重视的《观无量寿经》内宣说的往生条件和标准。我们选择《观经》一大原因也是由于《观经》内最详尽地阐明了多个兼容的往生条件和标准，相应于不同禀赋机缘的众生,也就是九品往生。当然,我们也会兼顾《无量寿经》和《阿弥陀经》的内容进行参考和补充。善导大师的遇缘往生命题之所以会在《观经》注疏内出现,也是由于九品往生内已暗涵了遇缘解脱的思想,修行往生有九种品位,或者说形态和条件,而结果相同,都是往生解脱,为何会有九种往生品位差别? 依然是由于九种凡夫的遇缘差别,善导大师见微知著,将之延伸和普遍化。遇缘解脱是对九品往生里一多相融普遍化,所以遇缘解脱思想不仅容纳净土内的不同意见,遮止了谤法的可能性,也是兼容佛教所有法门、所有佛教行者的法门修行差别的思想,然而就净土解脱来说,我们依然需要回到九品往生来看进入净土修行的路径差别有多少种,我们对于《观经》的理解,也极大地依赖善导大师这位大善知识的注疏。

高七师讲九品往生品位表

往生品位		发心（定三大品）	修行方法（定小三品）	修行程度	遇缘根基	得果差别
上品	上品上生	上品上生者，若有众生愿生彼国者，发三种心，即便往生。何等为三？一者至诚心，二者深心，三者回向发愿心。具三心者，必生彼国。	一者慈心不杀，具诸戒行；二者读诵大乘方等经典；三者修行六念，回向发愿，愿生彼国。	精进勇猛，一日乃至七日（注8），即得往生。上尽一形下至一日一时一念。或从一念十念等。一日一时一念至一日一形，大意者，一发心以后，誓毕此生。无有退转。唯以净土为期。	大乘上善凡夫	即悟无生法忍。得无量百千陀罗尼门。
	上品中生	深信因果，不谤大乘，以此功德回向，愿求生极乐国。	不必受持读诵方等经典，善解义趣，于第一义，心不惊动，以此功德回向，愿求生极乐。	行业稍弱	大乘中善凡夫	莲华经宿则开；经于七日，得不退转。
	上品下生	亦信因果，不谤大乘。	不谤大乘，但发无上道心。以此功德回向，愿求生极乐国。	行业不强，一念发心	大乘下善凡夫	一日一夜，莲华乃开，七日之中，乃得见佛，经三小劫，得百法明门，住欢喜地。

品		行业	回向/善知识	时节	根机	果报
中品	中品上生	受持五戒，持八戒斋，修行诸戒，不造五逆，无众过患。	以此善根，回向愿求生于西方极乐世界。	或一年一月一日一夜。此时亦不定。大时皆毕命犯也。意等皆毕命犯也，不得毁犯也。	小乘上善凡夫	应时即得阿罗汉道，三明六通，具八解脱。
	中品中生	以此功德回向求生极乐国。	若一日一夜，持八戒斋；若一日一夜，持沙弥戒；若一日一夜，持具足戒；威仪无缺。	一日一夜即可	小乘中善凡夫	经七日已，莲华乃敷。闻法欢喜，陀洹恒，阿罗汉。
	中品下生	孝养父母，行世仁慈。	命欲终时，遇善知识，为其广说阿弥陀佛国土乐事，亦说法藏比丘四十八愿。	命欲终时，遇善知识	小乘下善凡夫	经七日已，得须陀洹，经一小劫，成阿罗汉。
下品	下品上生	作众恶业，虽不诽谤方等经典，如此愚人，多造恶法，无有惭愧。	命欲终时，遇善知识，为说大乘十二部经首题名字，智者复教合掌叉手，称南无阿弥陀佛。	命欲终时，遇善知识	小恶轻罪凡夫	经七日，闻此法已，即发无上道心，经十小劫，具百法明门，得入初地。
	下品中生	毁犯五戒、八戒，及具足戒，偷僧祇物，盗现前僧物，不净说法，无有惭愧。	遇善知识，以大慈悲，即为赞说阿弥陀佛十力威德，亦赞彼佛光明神力，解脱知见。	命欲终时，遇善知识	破戒次罪凡夫	经六劫，莲华乃敷。闻此法已，即发无上道心。
	下品下生	作不善业，五逆十恶，具诸不善。	为说妙法，教令念佛，彼人苦逼，如是至心，具足十念，称南无阿弥陀佛。	临命终时，遇善知识，令声不绝，称南无阿弥陀佛。	五逆重罪凡夫	十二大劫，莲华方开。闻已欢喜，应时即发菩提之心。

第二章

《观无量寿经》与九品往生

2.1 《观经》与凡夫

净土三经里《观经》有很特殊的地位,原因是《观经》里的求法者是韦提希夫人,一位凡夫。佛陀先为类似韦提希夫人这样具有修禅定条件的凡夫讲念佛三昧,而后佛不由在场人祈请为普通凡夫讲述往生极乐世界的条件和细节,即散善众生的九品往生。**"定善一门韦提致请,散善一门是佛自说。"**《无量寿经》中的法会听众是众菩萨,请法者为阿难尊者,为了人和天人及菩萨的利益请佛开示述说极乐世界的形成,《阿弥陀经》的说法对象是阿罗汉舍利弗为代表的比丘众。三本经的应机各自不同,所以佛陀对极乐世界往生方法所说有所不同,我们不需回避《阿弥陀经》中佛说需七日至一日一心不乱念佛往生与观经内下品下生十念往生的差别,善导大师毫不含糊地指出:

凡夫智淺惑障處深。若逢解行不同人多引經論來相妨難。證云一切罪障凡夫不得往生者。云何對治彼難。成就信心。決定直進。不生怯退也。答曰。若有人多引經論證云不生者。行者即報云。仁者雖將經論來證導不生。如我意者決定不受汝破。何以故。然我亦不是不信彼諸經論。盡皆仰信。然佛說彼經時。處別。時別。對機別。利益別。又說彼經時。即非說觀經彌陀經等時。然佛說教備機。時亦不同。彼即通說人天菩薩之解行。今說觀經定散二善。唯為韋提及佛滅後五濁五苦等一切凡夫。證言得生。為此因緣。我今一心依此佛教決定奉行。

作为凡夫，我们的根本依经典便是《观经》。善导大师上面的注释设问如果有人以不同于《观经》的其他经典内的往生条件来指出我的条件无法往生，我应如何自处？答案是，我也并不是不信你所引用的经典，我也信仰，但佛说那部经典的时机、处所、对机有别于说《观经》和《阿弥陀经》时。在这一步善导大师将此两部净土经典与其他讲诸佛净土的经典区分开。下一步善导大师又将《观经》和《阿弥陀经》区分，《阿弥陀经》对应于通用人、天人和菩萨的解行，而《观经》则仅仅为韦提希夫人及佛灭后五浊末世一切凡夫讲授。因此我们以《佛说观无量寿经》中的教导为净土信仰根本依据。这是善导大师对《观经》特殊性，对它专为我们末世凡夫而说的殊胜性的说明。当然，这并不是说《阿弥陀经》内的一心不乱是矛盾于《观经》说法的，我们在下一章讲授通过对比《阿弥陀经》几个译本里对一心不乱的说明，做出不同于一般字面意义的阐释，不完全依据罗什译本的字面含义，依据现存所有译本和善导大师的精神来解释。但目前的阶段我们已经可以说，往生与否，在于定位自己于九品往生的选项中，在于看是否满足与自己情况相符的一品所规定的往生条件。观察《观经》九品所列信愿行，能不能往生在于信愿，而念佛的多少、好坏只能决定品位。于本章开头前，我列出依《观经》而有的九品往生表格，以供读者同修查阅。

九品往生在中国净宗历史上，除了善导等少数大师外，被相当程度地忽略了。九品往生里其实明白地指出：只要愿生极乐净土，修行可以缩减至只念十遍阿弥陀佛名号便会往生。信仰小乘的凡夫只要回向自己的戒行于净土便可往生，信仰大乘的佛教徒只要回向自己念大乘经典的功德于极乐世界便可往生，作极大恶的凡夫只要临终念南无阿弥陀佛十遍也会往生。在上品和中品往生里，也就是对信仰大乘和小乘的凡夫而言，念佛甚至不是一般汉语意涵里的念佛修行，而是想念往生极乐净土，愿以自己做过的善业回向极乐净土这件事，这件事做到了便可上品或中品往生。这也许违反南宋念佛禅流行以来对净土修行的认知，但经内和善导大师的注疏明白无误地指出了净土修行的关键。

2.2 《观经》的结构

《观经》从结构上可以分为四个部分,传统的序分完整地讲述了一个政变故事里韦提希夫人的不幸境遇,引向韦提希夫人祈请佛陀教她念佛三昧。由于一场政变韦提希夫人作为一国之王后被囚禁,她厌倦生下一度想杀她的儿子阇主,想要往生**"无忧恼处"**,不再闻恶声,不再见恶人,作为佛教徒她请求佛陀**"教我观于清净业处"**、**"教我思维正受"**,也就是一种三昧行法。这引向了正宗分的第一部分,佛陀立即向她展示和讲授念佛三昧,或者说观佛三昧,也就是《观经》内的十三观,被称为定善。这部分是实现观佛三昧的修行手册,非常详尽。讲授完如何观大势至菩萨的第十三观,韦提希夫人所需的回答实际已经结束了。韦提希夫人的凡夫身份,还有令她深陷不幸的世俗因缘,作为引起世尊讲法的契机值得我们注意,这很具象地表明整个《观经》是针对凡夫的。韦提希本人代表了凡夫,我们今天也能对她的境遇共鸣,眷属的不睦,权力的倾轧,世事的无常等等。

十三观后的九品往生完全用于无法进行观佛三昧的凡夫往生，这就是散善部分。善导大师解释，**"散善之文都無請處，但是佛自開。"**九品往生讲述后正宗分结束，剩下为流通分。需要注意观佛三昧，也就是十三观并不是往生的必须条件，经中对佛陀述说观佛三昧的理由表述为：**"教韋提希及未來世一切眾生觀於西方極樂世界，以佛力故，當得見彼清淨國土，如執明鏡自見面像，見彼國土極妙樂事，心歡喜故，應時即得無生法忍。"**韋提希因为当时是依靠佛力直接被展示了极乐世界的相，韋提希问**"濁惡不善五苦所逼，云何當見阿彌陀佛極樂世界。"**所以世尊在十三观中都从此世间可见物推想极乐世界相。十三观当然都是殊胜的除罪往生妙法，世尊有一一讲授，比如第八观修成可以现身得念佛三昧，第十一观修成可以直接在此生常游诸佛净妙国土。但我们要注意这些定善修法，虽然也是针对凡夫，但是对于有禅定修行条件的凡夫而说，应当说其确切目的不是往生，而是看见极乐世界，因为但凡要修念佛三昧显然爱乐往生极乐世界，那么她已经满足了往生条件。所以观佛三昧并非专为临终后往生而需的修行，观佛三昧的首要结果是此生看见极乐世界。而九品往生即是针对没有禅定修行条件的凡夫而说，给出了往生极乐世界不同品位的所有修行。因此我们在看《观经》时着重于九品往生。就往生与念佛三昧或者说观佛三昧，也就是禅定的关系而言，在十三观开始前，佛陀区分了净业与清净业。净业是往生西方极乐国土所需的修行，包括孝养父母、受三皈众戒、深信因果、读诵大乘等，对应于九品中的上品和中品往生，而清净业则是十三观的修行成果,它可以令人看见极乐国土,这显然是两个范畴的事。善导大师对于往生与念佛三昧的关系也是毫不含糊的,就是往生并不需要习得念佛三昧,

"三種眾生當得往生,何者為三？一者但能持戒修慈；二者不能持戒修慈,但能讀誦大乘；三者不能持戒讀經,唯能念佛法僧等。此之三人各以已業專精勵意,一日一夜乃至七日七夜相續不斷,各迴所作之業求願往生。命欲終時。阿彌陀佛及與化佛菩薩大眾放光授手。如彈指頃即生彼國。⑤" 净业三福的宣说在陈列十三观之前,善导大师说佛这里**"佛更觀機自開三福之行"**,净业三福与十三观的关系是**"明一切眾生機有二種：一者定,二者散,若依定行即攝生不盡,是以如來方便顯開三福,以應散動根機。⑥"** 所以《观无量寿经》的十三观是针对有禅定条件和能力的众生而宣讲,净业三福及九品往生是对只能修散善的众生往生而言。由韦提希夫人的境况我们也可以想到佛为何宣说十三观,韦提希夫人首先想要看到极乐净土,其次她身份为被幽禁的贵族,所以有修持禅定的条件。总之,由于我们今天的末世在家凡夫绝大部分没有修行禅定的条件,而三昧又并不是决定是否往生的修行,因此我们解读《观经》的重点在于九品往生部分。

2.3 遇缘有异和九品往生

佛陀在以十三观解答完韦提希夫人的如何得见极乐国土问题后自陈:**"凡生西方有九品人"**。我们知道,九品往生的结构是上中下三个大品类里各又有上中下三品,共有九品。为什么往生这一件事会区分出九种类型,或者说等级? 善导大师解释,**"看此观经定善及三辈上下文意,总是佛去世后五浊凡夫,但以遇缘有异,致令九品差别。"** 我们可以看到善导大师的遇缘解脱思想再次体现,事实上,九品往生的陈列是遇缘解脱的最具体体现。九品是三大品类内再细分,三大品类的遇缘差异如何? 善导大师继续解释,**"上品三人是遇大凡夫,中品三人是遇小凡夫,下品三人是遇恶凡夫"**。上品往生的凡夫是遇到大乘的凡夫,中品是遇到小乘的凡夫,下品往生的是作恶的凡夫,因为这些遇缘的差异,所以往生品类上分为上中下三品,当然,他们往生本身并非因为他们信大乘或小乘或行恶行,而是因为两类凡夫以善业回向愿生阿弥陀净土,对恶人而言是依赖临终时称念南无阿弥陀佛的功德而往生,所有种类往生的源动力是阿弥陀佛的愿力。九品往生善导大师在《观经四贴疏》中解释了两遍,第一遍在第一卷反驳当时认为九品往生里有六品对应圣位成就者的诸师时,第二遍在正释九品往生的第四卷,两次解释的意义只有简繁差别,我们先看善导大师注疏第一卷的九品往生梗概。善导大师以遇大凡夫刻画经内上品上、上品中、上品下类凡夫,首先要了解遇大凡夫是指遇到大乘的凡夫,也就是信仰大乘佛教的凡夫,而不是修行大乘或修行大乘获得成就的凡夫。上品上生的凡夫里有两类,一类是依靠发三心往生,至诚心、深心、回向发愿心,另一类是三种众生,传统净宗对三心解释较多,我们后面再解释。善导大师对九品往生的上品上生第一遍解释中重点说三种众生,"**三種眾生當得往生,何者為三,一者但能持戒修慈,二者不能持戒修慈,但能讀誦大乘,三者不能持戒讀經,唯能念佛法僧等。此之三人各以己業專精勵意,一日一夜乃至七日七夜相續不斷,各迴所作之業求願往生,命欲終時,阿彌陀佛及與化佛菩薩大眾放光授手,如彈指頃即生彼國。**"表面看来善导大师只是重复了经文,"**復有三種眾生當得往生。何等為三,一者慈心不殺具諸戒行;二者讀誦大乘方等經典;三者修行六念迴向發願生彼佛國。具此功德,一日乃至七日,即得往生。**"注意善导大师梗概三种众生行为里,强调了一二三这三种行为是或然关系,不是说一个人既需要持戒修慈又需读诵大乘又需念佛法僧,而是或者持戒修慈,若并没有持戒修慈仅仅读诵大乘,又或者这两项都未做到只是修行六念,只要这三种行为有一种做到一日到七日，以此行为的功德回向发愿往生，便得上品上生。上品中生发心上需要一个人**"深信因果，不谤大乘，以此善根迴願往生"**，即得上品中生。梗概的经文为**"上品中生者。不必受持讀誦方等經典，善解義趣，於第一義，心不驚動，深信因果不謗大乘。"** 不必受持读诵大乘经典意味着什么？**"云何名不必，或讀不讀故名不必，但言善解未論其行。"** 也就是理解和信大乘理论，但连读诵大乘经典这件修行也未做到的凡夫，只要以对大乘理论的信解作为善根回向往生，便得上品中生。而凡夫只需**"不謗大乘但發無上道心，唯此一句以為正業，更無餘善迴斯一行求願往生，命欲終時，阿彌陀佛及與化佛菩薩大眾一時授手即得往生，"** 获得上品下生的往生等级。对应经文**"上品下生者，亦信因果不謗大乘，但發無上道心"**，善导大师强调只是以不谤大乘和发无上道心这唯一的善行或者说品质就能上品下生。现在信仰大乘佛教的学佛者可能很难理解为何不谤大乘本身是个值得专门提到的美德善根，需要了解在大乘佛经的世界中，佛陀的跟随者由于是以小乘来入佛教的，所以听到大乘佛教义理是惊慌失措的，因为跟自己的小乘佛教信仰有直接的冲突，所以能了解大乘而不诽谤大乘佛教义，不以小乘为了义已是个美德。由于实际上三品和下凡夫都是佛教徒，又都了解信仰大乘佛教，所以是遇大凡夫。我们很容易疑问，既然上品往生内都是往生，为何里面再分三品，其实上品内再分三品其差别首先在于临终去极乐世界时阿弥陀佛接引的场面不同。善导大师注意到：**"上上去時，佛與無數化佛一時授手；上中去時，佛與千**

化佛一时授手；上下去时，佛与五百化佛一时授手。直是业有强弱。致使有斯差别耳。"上三品类内的差别除了去极乐世界时的仪式排场的差别，还有往生后见佛闻法修成不退转位的速疾差别，以及人修至不退转位后何时才能倒驾慈航救度极乐世界外受苦众生的差别。再看中品内的三品往生，中品上生者"若有众生受持五戒八戒，修行诸戒不造五逆，无众过患，命欲终时，阿弥陀佛与比丘圣众放光说法来现其前，此人见已即得往生。"受了小乘戒律并能守住的凡夫可中品上生，善导概括为"佛去世后持小乘戒众生。"中品中生者，是指人能"受持一日一夜戒迴愿往生，命欲终时，见佛即得往生。"善导概括中品中生的人为"佛去世後無善凡夫命延日夜逢遇小緣授其小戒，迴願往生，以佛願力即得生也"。从中品内前两类人即可看出为何善导大师称中品人为遇小凡夫，即遇到小乘法遇到小乘善知识的人，并且同遇大乘凡夫并不是指修大乘有所成就的人情况类似，遇小凡夫并不是指能严格按小乘修行到达一定境界的"专业"修行者，中品中生的人只需守一日一夜戒即可往生。善导大师专门说明他们在遇小乘守一日夜戒前是"无善"凡夫。中品下生的凡夫甚至不是佛教徒"若有眾生孝養父母行世仁慈，命欲終時，遇善知識為說彼佛國土樂事四十八願等，此人聞已即生彼國。"善导大师概括他们是"不遇佛法之人雖行孝養亦未有心希求出離，直是臨終遇善勸令往生，此人因勸迴心即得往生。"中品下生的人不论大乘还是小乘佛法都没遇过信过，只是以世间标准而论的好人善人。他们遇善知识想去极乐世界也不是发大乘想救众生的动机或小乘想修行得无烦恼的动机，而只是希望死后可以去极乐世界不受六道的苦，他们以世间行过的善或者说履行过的世间责任回向极乐世界，即得往生中品下生品位。当然，这里读者可能会有问题，既然这类人只是世俗普通人，为何也被归类为遇小乘的凡夫？原因在于他们往生阿弥陀净土的动机只是为了出离这个痛苦的娑婆世界，或者说只是为了极乐世界的"乐"这部分，他们临终遇到的善知识**"為其廣說阿彌陀佛國土樂事"**，很类似小乘信仰者出离生死的动机。他们进入极乐世界后修行获得的果位是须陀洹，而后是阿罗汉。上品和中品里六个阶位也可以说是按善缘从大到小铺设的台阶一样的渐变顺序，大乘相关善大于小乘相关善，前两者又都大于世善，这些善又都是散善，是居士也可做到的善，跟三昧禅定修行无关，它们都不是出家人意义上"专业"修行出的定慧止观功德类善。九品是按善缘强弱排列的，比世善还弱的就是恶了，下三品往生的凡夫都是作恶众生，依其作恶的轻重程度而分出三个品类：**"此三品人無有佛法世俗二種善根，唯知作惡。"**下品上生的人，**"但不作五逆謗法，自餘諸惡悉皆具造無有慚愧乃至一念命欲終時，遇善知識為說大乘，教令稱佛一聲，爾時阿彌陀佛即遣化佛菩薩來迎此人即得往生。"**这里恶人仅仅念佛一遍便往生，原因在于他临终遇到的善知识**"為讚大乘十二部經首題名字，以聞如是諸經名故，除卻千劫極重惡業，"**由此也可见念经名与念佛只要回向，从通向往生上是一样的效果，正如以大乘上品往生中读诵大乘经典回向往生即得往生一样。当然，读者也许会疑问，既然作恶一样往生,那这种恶人与前面的善人往生的区别在什么地方?下品上生恶人往生到极乐世界先需住于莲花内,经过四十九天类似于在子宫中的发育才正式进入极乐世界,由于其修行起点为零,他需要经过十小劫才能入菩萨修行的处地,对比中品下生的人,一小劫即得阿罗汉,上品中生人一小劫得无生法忍位,在大乘中对应于第七地。当然,这些到了极乐世界后时间维度的区分其实对我们在此世的凡夫来说并不重要,对我们重要的只是会临终后去极乐世界。其实前七品已经摄持了绝大部分凡夫,信小乘、信大乘、普通善人、普通恶人四类,下品上生这摄持的人都是世俗意义上的恶的恶人,善导大师称他们 **"如此恶人觸目皆是"**,可见净土摄生之广。然而依然还剩余两种超出世间恶的恶人可被净土往生摄持,这就是下品中生包含的佛教的叛教者和下品下生的造了极恶五逆罪的凡夫。下品中生包含的人是 **"此人先受佛戒,受已不持即便毁破,又偷常住僧物现前僧物,不淨說法乃至無有一念慚愧之心"**,也即佛教内的蛀虫和邪师。这种人在临终时遇善知识说极乐国土功德劝令往生会得到下品中生品位的往生。最后的下品下生人 **"此等眾生作不善業五逆十惡,具諸不善,此人以惡業故定墮地獄多劫無窮,命欲終時,遇善知識教稱阿彌陀佛勸令往生,此人依教稱佛乘念即生。"** 我们可以看到,依照九个品类,信大乘、信小乘、作世善、作世恶、破戒者、极恶凡夫全都被往生法摄持,全都有往生的资格,唯一的条件就是相信极乐世界的存在,欲往生其中。所以九品往生被善导大师称为摄持遇大、遇小、遇恶凡夫,也就是所有凡夫。我们需要注意到极恶众生往生的动机，跟信大乘的人想去极乐世界修行为菩萨，信小乘的人想去极乐世界修成阿罗汉不同，极恶众生的动机仅仅是临终时看到了地狱的景象想逃离它，而恰好此时有人在他身边为他说极乐世界的功德而令他想要往生，所以他便往生。"如此罪人。以恶业故应堕地狱，命欲终时，地狱众火一时俱至，遇善知识以大慈悲，即为赞说阿弥陀佛十力威德，广赞彼佛光明神力，亦赞戒定慧解脱解脱知见，此人闻已除八十亿劫生死之罪，地狱猛火化为凉风，吹诸天华，华上皆有化佛菩萨，迎接此人，如一念顷，即得往生七宝池中莲花之内。"由于九品往生实际摄持了所有想往生、相信自己会往生的众生，所以单纯从是否会往生极乐的角度而言，善人和恶人没有差别，早到和晚到极乐世界也没有差别，任何众生一旦进入了极乐世界，自然极乐，自然解脱。以上即为九品往生的概述。

2.4 往生与否和往生品级

　　九品往生中的下三品作恶凡夫的摄持有些违反传统净土宗的常识,传统净宗不断鼓励人多念佛的,因为我们普遍的对正义的认知是,如果一生行善念佛获得往生显然是合理的、正义的,那么一生作恶最后也仅仅因为临终念了南无阿弥陀佛而往生岂不显得前者的行为不值得,公平何在?如果往生是那么容易的事,为什么人需要不断念佛?这样的疑问便是以世间观念度量佛果,阿弥陀佛的慈悲无边无际,超出世间常识,念佛名号的多少与往生与否并不是一种交易关系。阿弥陀佛誓愿明确,会摄持所有听闻其名号、皈依阿弥陀佛、志愿往生的众生。念佛多少只与往生后的品位有关,而非往生与否的原则。大乘或小乘佛教信仰者皆可往生,善人、恶人皆为九品摄持,即使未皈依过佛教的善人或恶人也可往生。

　　恶人只需念佛数遍即会往生看似违反常识理解,也因常识里忽略了**"遇缘有异,致令九品差别"**里缘在今世也在前世的道理。即使做了极恶五逆的凡夫,既然临终时能遇到人讲解极乐世界功德而想要往生,那么这个极恶凡夫也在前世有过善行和与极乐世界的因缘,以至于他可以临终时遇到这样的善知识,**"不可以少善根福德得生彼国"**。九品众生虽然有差异,都遇到了净土法门是共同点,九品众生可以说都积累过很大的福报,此世福报成熟,所以遇到了会讲解净土法门的善知识,可以说九品众生的前缘都有共同点,所以都会往生,只是今生所遇缘分不同,有遇大乘的,有遇小乘的,有遇恶的,所以品类有别。九品凡夫可以用两个范畴划分定位,一种是善与恶,这是前六品和后三品人的差别,一种是大乘和小乘,上三品和中三品的差别,但其实上三品和下三品往生后最终都是大乘,善恶与大小乘这两个范畴综贯了九品往生。你在今世是善人还是恶人主要决定于前世的因缘,正如你秉性喜欢大乘还是小乘决定于前世。我们需要注意,在九品往生中大小乘秉性的人的区分是被阿弥陀佛尊重的,中品上生的人往生到极乐世界莲花内**"當華敷時,聞眾音聲讚歎四諦,應時即得阿羅漢道"**,中品中生的人**"經於七日蓮花乃敷,花既敷已,開目合掌讚歎世尊,聞法歡喜得須陀洹,經半劫已成阿羅漢。"**中品下生的人**"聞法歡喜得須陀洹,過一小劫成阿羅漢。"**并不是所有进入极乐世界的人都会最终修成大乘中的菩萨和佛,有很多人会修成阿罗汉,《佛说无量寿经》中的阿弥陀佛愿内也提到净土内有很多声闻乘成就者。而下品生的三类恶人在极乐世界内反而会经过修行获得菩提心,他们虽极恶却最终变为大乘成就者,因缘是由于他们临终遇到的善知识以大乘经名字和义理的功德来为其灭重大罪业,而只有大乘经典才有如此大的功德，他们今世的作恶反而成为其与大乘连接的桥梁。这种有些反常识的内容显然说明大乘与小乘人的生命即使在进入极乐世界换了"灵魂"和躯体，其区分也是在的，那这种区分只能决定于两种生命前世的因缘差别和此世的发心差别，造成他们是大乘还是小乘根机的主要因素在宿缘。

其次，根据九品往生，净土是如此容易去，所以我们可以解决一个存在主义式的疑惑，如果只有不断念佛才能往生，那么此生的唯一意义是为死后所活，那为什么不现在就自杀？口中边念佛名号边自杀不是更容易往生并且确定和便捷的方式吗？提出这个问题正可以显示九品往生的殊胜，正因为往生是如此的容易和确定，所以并不需要自杀时念佛以获取往生的确定性或资粮；极恶之人命尽寿终时尚可以靠听闻大乘经名字往生，普通修行者更不需以自杀的发生追求往生。阿弥陀佛的果乘法并不遵守世俗公平的观念，因为佛的愿力和慈悲不可思议，并不因一人恶而放弃他，即使这样做令善人的昭昭善报无法如此明显跟恶人区分，因为阿弥陀佛的本愿就是摄生殆尽，**"但能上盡一形下至十念，以佛願力莫不皆往。"**

传统净宗鼓励念佛功夫精熟，向念佛三昧靠拢，但这在《观经》和《四贴疏》内是不存在依据的。往生品位的提高依靠发心或者说动机的品级，是大乘还是小乘，往生与否则依靠信愿是否坚定。有了往生的信念和志向后以善业回向往生净土便能往生，往生的确定性并不依赖于念佛功夫的精熟与否，善业的形式很多样，从世善、持戒、念佛名到念经皆包含，以任一种善业回向即可往生。阿弥陀佛的愿力并不因一人念佛不如另一人精勤或纯熟而改变对他的摄取,阿弥陀佛的愿力是包裹拥抱所有凡夫的。正如阿弥陀佛并不区分你是小乘还是大乘信仰者而授权你往生与否,也不因你是善人或恶人而决定你的往生可能,涵盖所有信受凡夫就是阿弥陀佛九品往生的愿力内核。我们可以把阿弥陀佛的愿力看成一个自动执行的程序,只要我们自己与这愿力挂钩,往生便会在临终时被自动执行。

2.5 深信和深心

我们现在看九品往生内上品上生中的三心部分,至诚心、深心、回向发愿心。上品上生的满足办法是以所发三心结合三行或三福中的一种修行,即慈心不杀、俱诸戒行、读诵大乘等三类或然关系的行为。上品上生毕竟作为最高品位是不易满足其条件的,三心中最难的便是至诚心,如善导解释需"自利真实,利他真实"等,且至诚心中已包含专心念佛的修行。但深心和回向发愿心则不难做到且实际上贯通九品,正是因为一人同时有深信和至诚心较难获得,所以是上品上生。我们说深心贯通九品是由于善导大师在解释深心部分用了最多的笔墨进行遇缘解脱概念的设问和回答,其遇缘往生的设问和回答我们已经解释,现在看善导大师是如何解释深心的。**"言深心者,即是深信之心也。亦有二种,一者决定深信自身现是罪恶生死凡夫,旷劫已来常没常流转,無有出離之緣。二者决定深信彼阿彌陀佛四十八願攝受眾生,無疑無慮,乘彼願力定得往生,又决定深信釋迦佛說此觀經三福九品定散二善,證讚彼佛依正二報,使人**

欣慕,又决定深信彌陀經中十方恒沙諸佛證勸一切凡夫決定得生。"深心,或者说深信,实际是分为信自己和信佛两个方面。信自己现在就是末法凡夫,长时轮回生死流转,无法依靠自己解脱,信阿弥陀佛摄持广大众生,佛的愿力绝对真实不虚,拯救身为凡夫的自己。深信的这两方面犹如一片树叶的正反面,不可分割。正因为自己自力解脱的不可能,所以全面求助于佛,正因为信任佛的愿力,所以自己的凡夫地位并不是解脱的障碍,而是得以往生的跳板。如果自信自己有此生修成阿罗汉或入地菩萨的可能,则不必信净土,正因为我们相信自己是末法的卑微众生,所以完全将自己交托给弥陀净土。这样的意涵在九品从上品上生至下品下生都包含,中品的小乘信仰者显然不认为自己此生可修成阿罗汉,下品的作恶众生临终看到了地狱火显然一瞬间便相信自己是罪恶轮回凡夫。注意,深信的对象并不是大乘或小乘的信条或理论,而是自己是轮回中的凡夫以及阿弥陀佛会拯救凡夫。回向发愿心则很好理解,其实是深信的自然延伸,即以自己的善根功德去回向愿生净土。如果说深信和回向发愿心这两者即决定了能否往生,那么读者会疑问,净土宗里一直强调信愿行,行是什么?九品往生里对每个品位详细讲解了对应的修行,但从往生的最低门槛而言是什么修行?善导大师在其注疏卷一给了解释:"問曰:願行之義有何差別。答曰:如經中說,但有其行行即孤亦無所至,但有其願願即虛亦無所至,要須願行相扶所為皆剋,是故今此論中直言發願不論有行,是故未即得生,與遠生作因者,其義實也。問曰:願意云何乃言不生。答曰：聞他說言西方快樂不可思議，即作願言我亦願生，導此語已更不相續，故名願也。今此觀經中十聲稱佛即有十願十行具足。云何具足。言南無者即是歸命。亦是發願迴向之義。言阿彌陀佛者即是其行。以斯義故必得往生。"因此有深心和回向，十遍念佛即俱足修行，念南无阿弥陀佛里南无已是回向、发愿、皈依、深信俱足，阿弥陀佛名号本带修行功德，所以十遍念佛俱足往生条件。

2.6 中品中生的一日斋戒修行

当然,以善导大师的解释去找经内对应文本,十念往生出现于下品下生,十遍念佛是念完即"不再相续",是在临终的一刻,这是否说明十念往生必须在临终时才奏效?其他时候就不能仅靠十声念佛决定往生?这个问题有明确的答案,我们在后面处理临终问题时会解答。目前我们不必纠结,十念往生是在下品恶人往生中所摄,这显然不是净土信仰者的一般情况。实际每位读诵大乘经典,深信自己可以往生的信仰者可以有上品下生以上的品位。但深信本身是无形的,如果信仰者对自己往生品位的信心不够坚定,幸好九品往生中有一品位非常具有可见性和现实的操作性,足以抵消所有对往生和自己所在品位所需修行的疑虑。九品往生内有一品的修行对比所有修行都非常容易做到,而且很有实际把握感和仪式感,只要结合信净土和回向,便决定获得往生,这就是中品中生内的修行,**"若有眾生,若一日一夜持八戒齋,若一日一夜持沙彌戒,若一日一夜持具足戒,威儀無缺,以此功德,迴向願求生極樂國,戒香薰修。如此行**

者命欲終時，見阿彌陀佛與諸眷屬放金色光，持七寶蓮花至行者前，行者自聞空中有聲，讚言，善男子，如汝善人，隨順三世諸佛教故，我來迎汝，行者自見坐蓮花上，蓮花即合，生於西方極樂世界。"这份修行就是以二十四小时持八关斋戒或沙弥戒来回向往生，这其实很容易做到。我们的准提法网络佛学院已经执行很多次八关斋戒法会，在 24 小时内于独立的庙宇或精舍中每人止语，少食且素食，除此外便是念佛、念大乘经典、绕佛礼佛，持诵真言，结尾以此功德回向往生极乐世界。持 24 小时戒律比前几品内修行对现代居士而言更容易做到和有把握感。中品上生需要**"受持五戒，持八戒齋，修行諸戒"**，这里的持戒时间未作规定，应以一生来解，那么是很难做到的。因此中品中生一日夜持八关斋戒的修法，是很合宜现代居士的往生办法。只要经过一次 24 小时的持戒回向，此生便不需再为是否往生担心，因为会必然往生，如《观经》明文所言。总之，从实修的角度而言，无论决定九品中何品适合自己，我们需要深心，也就是深信自己身为凡夫和深信阿弥陀对凡夫的拯救，修行上可以采取前六品内规定的任意修行。我们从实践中得出，就目前在家居士的情况而言，中品中生中明确规定的一生只需一日一夜的持戒这个修行也让居士们极大地增加了深心，这种深信本身已经启动了阿弥陀佛的愿力，是颇为妥帖、具体和有把握感的修行。

2.7 菩提心

作为在家佛教徒,除了比较难实现的上品上生修行、中品上生修行和极易实现的中品中生修行,前五品中的上品中生和上品下生的修行亦对在家佛教徒而言比较容易做到。**"上品中生者,不必受持讀誦方等經典,善解義趣,於第一義心不驚動,深信因果不謗大乘,以此功德,迴向願求生極樂國。"** 也就是有时读大乘经和顺经思考或观想。例如有时读《普贤行愿品》,顺文字渲染的场景观想。或者比如《法华经》,思考其中的义理。我们只要认为所读的大乘经典就是文字上呈现的义理,这义理即真理,那么便是善解义趣,于第一义心不惊动。善解就是理解和把握经典所说道理,而不是智慧达到开悟的直观的获得,只是在道理概念上认同、不排斥第一义。这样的理解大乘经典,顺其思维本来便具有大功德,以此回向极乐世界即可上品中生。《观经》内并未说明需要的频率,善导大师也解释这里的善解义趣不要求天天念经,那样就和上品上生中的读诵受持大乘经典重合了,因此居士只要爱读大乘佛典都可以此功德回向净土,即可得上品中生。"**上品下生者，亦信因果不謗大乘，但發無上道心，以此功德，迴向願求生極樂國。**"上品下生的发心上较上品中生更低，对因果有时候信，有时候不信，也就是间断的信，所以说亦信。在我们现实所见而言，很多居士经常在跟自己利益不冲突时信因果，冲突时便不信了，亦信因果是对这种心态的描述，但这种心态并不与往生冲突。而对大乘，即缘起性空的道理，上品下生凡夫虽然无法像上品中生的凡夫那样把握或理解，却不排斥不诽谤，也就是不试图反驳大乘空义，这样的态度当然也不难做到。在修行上还需要发无上道心，"**唯發一念厭苦，樂生諸佛境界速滿菩薩大悲願行，還入生死普度眾生**"，也就是希望自己依靠往生至极乐世界成佛而非阿罗汉，之后返驾慈航入轮回普度众生的心。以这一念发心回向愿生极乐国，也可往生，且是上品下生。我们信因果和《观经》的话，虽然确定自己会往生很容易，但想救度自己不信佛的父母、救度自己的爱人和朋友，发心在我们往生后修成不退转菩萨后再回来救度他们也是一种大乘发心，也是可以上品下生的。

通过以上对往生品位的研究，很容易看出作为佛教居士做到上品下生或中生及中品中生是轻而易举的，仅仅需要信任《观经》。往生并不是一件困难的事，其确定性的条件在《观经》中彰明较著。居士没有必要再以每天辛劳而焦虑地念佛来祈求往生的确定性，亦没有必要认为世事和职业在影响自己往生与否，居士可以信任自己所作念经功德的回向、或一日一夜持戒的回向会导致必然往生，这样也解放了居士对待世间法的态度。

如前所述，一日一夜八关斋戒念佛回向往生净土后，我们不但一定会往生，而且起码可以获得中品中生的往生品位。在八关斋戒后，念佛名当然也是可以的，但那就不再是以往生为目的的念佛修行，而是为了消除过去和现在的无数罪业，为了让更多众生听闻佛号，给予其他众生往生的缘，以及感恩阿弥陀佛无限的慈悲。

既然往生解脱是临终后的必然，我们现世的工作和人情往来不再是解脱的障碍，而成为一种资粮，一种菩萨行的实践。既然临终一定会往生，这个业报身现在又还未尽其寿，那么剩下时间都值得我们快乐地生活、快乐地度人。由于往生是确然的事，我们的世间法内容就可以被赋予别的意义。而且我们的职业和工作不仅仅具有对我们养家糊口的功能，我们做好一个职业本身就有对社会、对他人贡献的内在价值，我们的事业本身具有世善功德。而最关键的是，你通过你的事业的成功，可以成为你引导他人对佛教产生兴趣的契机。就我们准提宗的行者而言，阿弥陀佛解决我们的临终问题，准提菩萨解决我们的现世问题。阿弥陀佛满足我们此业报身尽后解脱的愿望，准提佛母满足我们现在的愿望。我们每日的准提法修行里的回向所求就包含了世俗具体事务上的成就，那么我们事业上的成就就是准提法功德的示现。甚至于你的眷属的美满、婚姻的美满，凡诸我们所求的愿满都是准提菩萨功德的体现。这些成就若引起你的同事、朋友的赞叹，便可以告诉他们准提法以及你对佛教的理解，即使他们不信不理解，这也对他们种下了大功德种子，那么我们的事业的成就本身就是一种菩萨行,我们努力工作使之成就的进程和过程也都是菩萨行。

同样的,对于我们的父母,我们也可以依靠九品往生的规定而导向父母对极乐的向往。我们知道,九品里下三品是针对遇恶凡夫,他们发心仅仅因为遇到了善知识为他们宣说极乐世界的快乐,三恶道的苦,而求生极乐世界。我们的父母大部分并非恶人,而是普通人,那么他们往生条件的要求不会高于遇恶凡夫,也仅需遇到善知识宣说极乐世界的快乐而发心念数遍佛名即可,而对我们的父母时,我们儿女自己便是善知识。如何宣说极乐世界的快乐?我的母亲是典型的中国母亲,对死后最大的恐惧是见不到孩子了。我对她说"妈妈,在极乐世界里有面镜子,你走了后在极乐世界看这面镜子便会看到我们,你的儿女。你不仅能看到我们现在在做什么,还能看到我们以后和以前都做了什么。"我的母亲听闻极乐世界这种属性,便说"有这样的好事,我死了到那里还能看到你们,那好,我要去"。她这句话里的"我要去"便是发愿,已俱足了发心;我们再教她念佛,她念了阿弥陀佛,便俱足了行,阿弥陀佛便已印证我的母亲可以往生极乐世界。我们这样做,不仅是在帮助我们的父母俱足往生资粮,也是我们菩提心的切实体现,父母也是他者,我们对他们的度化也是菩提心利他的体现,那么我自己往生的品位也在我作为善知识,让父母向往极乐世界的行为后获得了提升。

这样,基于依靠九品往生而对自己往生生起确凿不疑的信心,我们作为佛教徒的世间法与出世间法实现了圆融,即使我们的世俗成就不能引起他人赞叹，它起码不是阻碍出世间的条件，没有人会忙到一日一夜八关斋戒都无法做到的程度。我们与家庭成员的关系，与家人亲友之间的和睦及爱，这本身就是创造我们成为他们结缘净土的善知识的契机。净土的九品遇缘解脱令我们获得往生信心之后的此世生活都或多或少地成为一种菩萨行，我们不会如净土真宗所言，认为此后都是不退转菩萨位，但我们认为在获得往生净土的确定性后，我们的行为才真正地令人间佛教得以可能，令佛教入世和居士的大乘行获得了基石。

第三章

念佛与一心不乱

3.1 三昧与一心不乱

我们知道,传统中国净宗并不以九品往生为诠释来解释往生标准的核心,在实践上常更多地强调要念佛至一心不乱,其经典依据在于《阿弥陀佛经》内一段落:**"不可以少善根、福德、因緣得生彼國,舍利弗,若有善男子善女人,聞說阿彌陀佛,執持名號,若一日、若二日、若三日、若四日、若五日、若六日、若七日,一心不亂,其人臨命終時,阿彌陀佛與諸聖眾,現在其前,是人終時,心不顛倒,即得往生阿彌陀佛極樂國土。"** 这一段落看似是《阿弥陀经》内唯一说明怎样往生的指南,起于**"不可以少善根福德因缘得生彼国"**,自然地令人理解为必须以多善根福德因缘方可往生。积累多善根福德因缘里需要念佛一日至七日至一心不乱的状态,因这种状态或念佛功夫的功德,此人临终时阿弥陀佛等现身,此人这时心不颠倒,那么便往生极乐世界。在这种理解下,念佛至一心不乱才可能往生,但这种念佛三昧的状态真正被测试、被证成其力量的时刻是临终时心不颠倒的状态,依着临终时心不颠倒的力量,才得以往生。

以这样看似自然的认识文义而得出的往生标准是传统净宗解释和很多净土信仰者的理解。这样的理解里有几个关键要素被从前到后的牵涉:

1. 多善根福德因缘, 2. 一心不乱, 3. 心不颠倒, 4. 临终的时间。

为了俱足足够的善根等,需修行至起码一日念佛一心不乱,但这样的一心不乱也并不是确定往生的标志,往生的确切在于临终时一心不乱。但临终时是我们此生永远不可体验的时刻,那么临终时是否可获得心不颠倒的状态就只有临终时方可被知晓,而知晓后此人便往生,那么我们此世永远无法确定地获知自己可否往生。唯一可以确定的是,念佛功夫的增进可以增进往生的概率,最好能随时以念佛三昧进入禅定状态方可以几乎确定地说,这样可以往生,这显然是非常难以做到的。考虑到临终时会有疾病缠身,意识亦可能不清醒,这些都需依靠念佛功夫克服。因此,念佛至预知时至而坐化乃至后有身体异象非常被坊间流传崇敬,正因为念佛至临终三昧的境界太难了,几乎像个人修行的奇迹,大家敬仰这种大修行者的个人功夫,这是对禅定境界和功夫的崇拜。不仅如此,依着这样的推导,还存在两个关键问题,是否念佛至一心不乱就是俱足了善根福德因缘?看经中文字,只言不可以少善根等得生,但足够能往生的善根福德因缘就仅仅是念佛吗?是不是还需行其他广大善事,造桥修路,广施慈善,或者即使不能行慈善事业,起码个人需吃素行斋?这显然是个疑问,并且从佛教劝善的角度而言似乎也该如此理解。第二点,临终时刻的心不颠倒中临终是哪刻?我们临终一般状态是什么意识状态?何谓心颠倒,何谓心不颠倒?清醒但有妄想昏沉的意识是颠倒的吗?此时又能念佛算不算颠倒心?必须要在清醒意识下念佛入定同时临终才算心不颠倒吗?临终时刻是慢慢失去清醒意识的时刻吗?昏迷但未断气时刻才是临终吗?心脏死亡和脑死亡前哪刻算临终?"暖"消失的过程中是临终吗?在这些不同时刻里如果我们的清醒意识都消失了,那么残余的潜意识或第七识第八识实际体验究竟为何?何谓此时的心不颠倒,阿弥陀佛究竟在哪刻迎接我们,我们此时又该是什么状态方算心不颠倒?显然这些问题的答案都很难确定。取最极端的情况,就是能预知时至,在临终前几天或几小时就念佛进入三昧状态,一直禅定维持至阿弥陀现前,那么才是往生的理想状态。要达至这个状态,则居士需要永不满足地念佛,永不满足地行善,人生的度过成为以念佛为核心、行善俱戒的苦炼苦修,直到生前获得一日乃至七日的念佛三昧,并不以为足,达到可以在意识的任何状态下都入念佛三昧方可确信可以往生。这样的认识显然对于居士提出了极高的要求,也就会造成居士的永恒焦虑,依这种认识,由于临终前都不会获得往生的确定性,居士会始终在惶惶不可终日中度过,对往生的焦虑始终伴随。并且由于凡夫根基有限,太多人不可能靠念佛获得念佛三昧。禅定的获取,不仅仅需要此世练习时间的积累,还需要绝佳的天赋,那么太多人就被挡在了往生门外。在净宗历史上,大家也认识到如果将一心不乱理解为三昧就要求太高,所以又退而求其次,发明区分念佛境界的"理一心不乱"、"事一心不乱"、"功夫成片"等等范畴,乃至有人说念佛至降伏烦恼即一心不乱,以期降低往生门槛,然而这样的念佛三昧等级的区分并没有多少经典依据,并且念佛至"功夫成片"或降伏烦恼也殊为不易。这样就进入了一个悖论,净土宗相比较别的法门被称为易行道,但在净土内的往生又变为要达至止观境界的困难修行。

然而,对《阿弥陀经》内前述经文的理解并非只有如上所述的方式,我们接下来依据此经的不同翻译,其他净土两经,申明另一种理解方式。

3.2 玄奘和穆勒的《阿弥陀经》文义

当我们将《阿弥陀经》的玄奘译本《称赞净土佛摄受经》找出同一段译文时，其面貌便与鸠摩罗什大师译本相当不同："**舍利子，生彼佛土諸有情類，成就無量無邊功德，非少善根諸有情類當得往生無量壽佛極樂世界清淨佛土。若有淨信諸善男子或善女人，得聞如是無量壽佛無量無邊不可思議功德名號極樂世界功德莊嚴，聞已思惟，若一日夜、或二、或三、或四、或五、或六、或七，繫念不亂。是善男子或善女人，臨命終時，無量壽佛與其無量聲聞弟子菩薩眾俱，前後圍繞來住其前，慈悲加祐令心不亂，既捨命已隨佛眾會，生無量壽極樂世界清淨佛土。**"首先我们注意到经内往生净土三要素中"**不可以少善根福德得生彼國**"这句并不是孤立的，它变成了一个主句的一部分："**生彼佛土諸有情類，成就無量無邊功德，非少善根諸有情類當得往生無量壽佛極樂世界清淨佛土。**"这句话最自然的逻辑解释是：（由于）生到极乐国土的众生会成就无量无边功德，（所以）能够往生极乐净土的众生都不是少善根福德类众生。也就是说，并不是我们需要修很多善根福德以往生极乐世界，而是但凡能往生极乐世界的便不是少善根类众生。这句话并不是给出修行的指南，而是对可往生极乐国土众生的禀赋的描述。这样的理解是否正确至关重要，因为如果这样理解，那么紧接这句话描述听闻极乐世界系念不乱的部分就可被视为只要做到就俱足了往生的善根福德，那么传统理解中念佛外还需行善事或吃斋等便不是正确的理解。对于决断如此关键的问题我们还需别的证据支持，Max Mueller[⑦]根据梵文所译英文中此句为：

Beings are not born in that Buddha country of the Tathâgata Amitâyus as a reward and result of good works performed in this present life.

（众生并不因其此世所作的功德而往生极乐国土）. 显然，穆勒的翻译比玄奘法师的更进一步。根据玄奘法师译文，只要生在极乐国土的众生便多善根，少善根者不可能往生，而穆勒的译文进一步精确为往生到极乐国土的众生是由于其善之"根"，而非此世所作，也就是由于其宿世所作的功德、所具有的善根而往生。显然这样的说法似乎有违佛教常理，穆勒就添加了注释解释他如此翻译的理由。

穆勒注释为：

Avaramâtraka. This is the Pâli oramattako, 'belonging merely to the present life,' and the intention of the writer seems to be to inculcate the doctrine, that salvation can be obtained by mere repetitions of the name of Amitâbha, in direct opposition to the original doctrine of Buddha, that as a man soweth, so he reapeth. Buddha would have taught that the kusalamûla, the root or the stock of good works performed in this world (avaramâtraka), will bear fruit in the next, while here 'vain repetitions' seem all that is enjoyed. The Chinese translators take a different view of this passage. But from the end of this section, where we read kulaputrena vâ kuladuhitrâ vâ tatra buddhakshetre kittaprânidhânam kartavyam, it seems clear that the locative (buddhakshetre) forms the object of the pranidhâna, the fervent prayer or longing. The Satpurushas already in the Buddhakshetra would be the innumerable men (manushyâs) and Bodhisattvas mentioned before.

（翻译：Avaramâtraka 一词对应巴利语内的 oramattako，即"仅仅属于今生"，（此经）作者的意图似乎是在灌输这样一种学说，即仅仅通过重复阿弥陀佛的名字就可以获得救赎，这与佛陀的原始学说直接相反：一分播种，一分收获。佛陀本应教导说，kusalamûla，即今世所做善事的根或存量，将在来世结出果实，而在这里，"徒劳的重复念诵"似乎就会结出所有果实。中文译者对这段话持不同看法。但从本节末尾，我们读到 kulaputrena vâ kuladuhitrâ vâ tatra buddhakshetre kittaprânidhânam kartavyam，似乎很清楚，定位格（buddhakshetre）构成了 pranidhâna 的对象，即热诚的祈祷或渴望。已经在 Buddhakshetra（极乐佛土）的 Satpurushas（善人）应该是（经内）前文提到的无数人（manushyâs）和菩萨。）

根据穆勒的注释，不可以少善根句是在如下一个完整句内理解：Then again all beings, O Sâriputra, ought to make fervent prayer for that Buddha country. And why? Because they come together there with such excellent men. Beings are not born in that Buddha country of the Tathâgata Amitâyus as a reward and result of good works performed in this present life.

（翻译：再次，舍利弗啊，众生也应该为那个佛国做热诚的祈祷。为什么呢？

因为他们和这些大善人一起来到那里。众生出生在阿弥陀佛的佛国，并不是作为今生善行的回报和结果。）

　　穆勒的语法注释的意思是，众生往生，并不是依靠今生善行而有的果报，而是因为为那个佛国做热诚的祈祷而往生。这热诚的祈祷具体来说就是此段后所说的若一日至七日念佛。穆勒认为有跟佛陀原始教诲有矛盾的是，这热诚的祈祷，也就是念佛，为何就成就往生了？而不是靠此世的善行。我们后面会发现穆勒提的这个问题结合中文译文恰好获得了完全的解释。

　　三译本对应的同段经文如下：

鸠摩罗什	又舍利弗，極樂國土眾生生者皆是阿鞞跋致…舍利弗，眾生聞者，應當發願願生彼國，所以者何？得與如是諸上善人俱會一處。舍利弗，不可以少善根福德因緣得生彼國。
玄奘	又舍利子，若諸有情聞彼西方清淨佛土無量功德眾所莊嚴，皆應發願生彼佛土。所以者何？若生彼土，得與如是無量功德眾所莊嚴諸大士等同一集會…舍利子，非少善根諸有情類當得往生無量壽佛極樂世界清淨佛土。
穆勒	再次，舍利弗啊，众生也应该为那个佛国做热诚的祈祷。为什么呢？因为他们和这些优秀的人一起来到那里。众生出生在阿弥陀佛的佛国，并不是作为今生善行的回报和结果。

　　很明显，结合两种译本，穆勒翻译为"热诚的祈祷"即为"发

愿愿生彼国",穆勒翻译梵文的意思是,靠今生行善无法往生极乐国土,只有靠"发愿愿生彼国"才能往生,而发愿愿生彼国即为俱足善根福德因缘。发愿往生极乐自然会引导我们所谓"热诚的祈祷",也就是念佛名字,这两者是密不可分的,因为"南无阿弥陀佛"正是皈依阿弥陀佛的含义,念诵它既是祈祷,也是发愿,重复念诵即为修行,穆勒的翻译和注释中的意思是,发愿往生就是念南无加上佛名,也即热诚的祈祷,而穆勒认为矛盾的地方是这 *vain repetitions*(无谓的重复的祈祷)怎么能比此世行善多很多功德,并且仅靠这重复就可往生,为何佛陀专说不可靠此世行善功德往生? 这个问题在字面上刚好有隋代的襄阳石刻古阿弥陀经译本得到了回答。在此石刻版本的鸠摩罗什译本中,一心不乱后尚有二十一字并没有出现在现代通行本《佛说阿弥陀经》中:**"专持名号,以称名故,诸罪消灭,即是多善根福德因缘"**。这样我们可以清楚地依靠此三个译本确定,佛陀向舍利弗这段宣导中的意思是,众生不可以少善根福德因缘往生极乐,即众生不可依靠此世行善往生极乐,而是依靠发愿往生,称佛名号来往生极乐世界,发愿、称佛名号就俱足往生极乐世界的条件了。只要你往生了,就说明你是个福报极大的人。因此,极大的善根福德并不是依靠我们现在修行来从零开始积攒的,听到阿弥陀佛名号,相信净土存在,想要去往生,简而言之就是接触净土法门、相信净土法门本身便是多福德善根。没有很大的善根,人就不会接触到净土法门,所以善根等首先是宿世修行所积攒的。

以上为如何从文义角度对往生的第一要素**"不可以少善根福德因缘得生彼国"**的澄清。以上只是从文义,并且仅仅从《阿弥陀经》一段几十字的经文出发分析何为多善根等,根据穆勒译文,佛陀之所以没完全从正面说何以往生,而先显示何者不可往生,恰好是指以此世善行所作并不可往生,我们甚至可以说此句包含以此世善行不可往生来对比发愿持佛号就得往生的意涵。所有这些繁重的文本分析并非探讨文字层面的细枝末节,而是为了澄清净土信仰者面对的第一个问题,如果我们戒行有亏,或并不持戒,也不吃素,此世也未作多少善行,只是想往生所以念了些佛,是否可以往生,是否算俱足往生的福德善根?显然我们读经分析的结论是,这样当然俱足了往生的福德善根。从教理角度而言,我们上章中对净土法门作为果乘法的分析、对往生因缘的解读和善导大师的开示已经给予了为何听闻净土法门就是大善根因缘的原因,在上章中我们的核心是九品往生,此处的《阿弥陀经》根据善导大师分析其实与《观经》对机不同,然而我们依然可以发现其中宿世因缘的道理。《阿弥陀经》玄奘译本中有:**"又舍利子,于於雜染堪忍世界五濁惡時,若有淨信諸善男子或善女人,聞說如是一切世間極難信法,能生信解,受持演說,如教修行,當知是人,甚為希有,無量佛所曾種種善根。是人命終終,定生西方極樂世界。"**这里直接提出能闻信修者便已于无量佛所曾种善根。也许有人会认为这仅仅是经典惯常的流通分,不该做过多解读。然而这并不是一个充分理由,因为《阿弥陀经》的闻信修与其他经典不同,其闻信修都在念诵"南无阿弥陀佛"这句归命佛号中体现,所以听闻佛号,听闻净土法门,便是已曾种善根,自己念诵佛号,也就是自己认为这样做有意义,便是有极大的善根,于无量佛所曾种善根。如果跟前面穆勒所译结合,即往生并不因此世善行而有,往生也原则上不依靠此世善行而获得,因为往生的正因就是皈依阿弥陀佛和念诵其名,因此此世临终可往生最重要的善根和功德就是听闻净土和念诵佛名,而能够获得这样的机会,则只能决定于宿世善根。这样的一层意思在《无量寿经》中也可获得合理推导。

可以说《无量寿经》讲述了阿弥陀净土成立的历史,其内著名的阿弥陀佛的第十八愿是净土成立的根本:**設我得佛,十方眾生,至心信樂,欲生我國,乃至十念,若不生者不取正覺。**《无量寿经》里世尊颂阿弥陀四十八大愿的精神为:**"其佛本願力,聞名欲往生,皆悉到彼國,自致不退轉。"**

法贤译本《佛說大乘無量壽莊嚴經》⑧卷中因地的阿弥陀佛法藏比丘总结其愿为:**"我若成正覺,立名無量壽,眾生聞此號,俱來我刹中"**。又有**"地獄鬼畜生,悉捨三塗苦,亦生我刹中,修習清淨行"**。毫无异议的是阿弥陀佛将其称号自身作为生入其净土的出生公证,其名号内包含有如绳索一样牵引听闻念诵的众生至其净土的力量。而就我们关心的议题,更值得注意的是此段偈颂内专门提到会被拯救的众生是三恶道众生,三恶道众生显然无法行善,因为三恶道的环境完全没有提供行善的环境或机缘,他们能解脱的唯一途径显然只有听闻到阿弥陀佛的名号,因三恶道众生念诵出阿弥陀佛亦是不可能的。这样就佐证了我们对《阿弥陀经》内少福德善根因缘和俱足福德善根因缘的解读,少善根等不得往生者即为未听闻遇到阿弥陀名号的众生,多善根等的众生即为"闻名欲往生"者,也就是穆勒所译"热诚的祈祷"者,玄奘和鸠摩罗什所译的听闻极乐国土后发愿往生者。因此再回到《阿弥陀经》内流通分部分称信受此经人为无量佛所曾种善根,穆勒译本的众生不可以今世善行往生极乐,可以明确地看出多善根、福德、因缘即为此世听闻了阿弥陀佛的名号。无论哪一道的众生,能够听到阿弥陀佛的名号,就是多劫的善根成熟了,如果不是多劫的善根成熟,不会听到阿弥陀佛的名号。《观经》内下品作恶众生的往生也说明了完全同样的道理。因此,即使就常规佛教道理而言,如穆勒所言,看似违背,我们也必须承认,往生并非依靠此世善行,而是依靠听闻极乐发愿往生、念诵名号而获得往生成就。也就是说,宿世的修行与善缘令我们具有足够的善根来在此世接触到净土法门,接触到净土法门后想要往生和念佛名号,那么就会往生,因此此人便是有极大的福德、善根、功德。如果说此世能接触净土是依赖于各人各自的前世善根,那么我们此世接触净土法门后想要往生、念佛名号造成我们会往生的这种巨大功德,实际是由阿弥陀佛所赋予。皈依阿弥陀佛,念"南无阿弥陀佛"具有无量功德,显然是由于阿弥陀佛从极乐世界与我们通过佛号产生的联系。我们往生所依靠的功德最终是以阿弥陀佛为来源的功德,而并不来源于我们自己。

3.3 系念的含义

以上为我们就《阿弥陀经》内往生第一要素不可以少福德善根因缘得生彼国意义的经文解释。在其意义获得了澄清后，另外两个往生要素：一日至七日一心不乱和临终心不颠倒，与其的连接也更为清晰。玄奘法师的翻译也展示了一心不乱非念佛三昧或禅定：若有淨信諸善男子或善女人，得聞如是無量壽佛無量無邊不可思議功德名號極樂世界功德莊嚴，聞已思惟，若一日夜、或二、或三、或四、或五、或六、或七，繫念不亂。是善男子或善女人，臨命終時，無量壽佛與其無量聲聞弟子菩薩眾俱，前後圍繞來住其前，慈悲加祐令心不亂，既捨命已隨佛眾會，生無量壽極樂世界清淨佛土。

首先注意到"一心不乱"被翻译为"系念不乱"，而"心不颠倒"则被翻译为阿弥陀佛等圣众临终时现身此人面前时"慈悲加祐，令心不乱"，"不乱"出现了两次，第二次纯粹为阿弥陀佛现前的他力使行者"心不乱"，其境界应与三昧有关联，但这完全不是信仰者修行出的功夫,而是阿弥陀圣众现前加持的圣力。现在重点就在于如何理解居士修行一日至七日"系念不乱"的含义,注意到这里有前定条件,**"若有淨信諸善男子或善女人,得聞如是無量壽佛無量無邊不可思議功德名號極樂世界功德莊嚴,聞已思惟"**,也即系念不乱中的念想是由听闻阿弥陀佛的功德、极乐世界的庄严而来。"闻已思惟",思惟解为意向,正如八正道中的正思维就是指正确的意向,另译为"正志"。所以听闻得极乐世界和阿弥陀佛的好与至善,对其希求,就是闻已思惟。正由于思惟是指意向,也就是向着那个方向去想,那么"系念"的含义就是因向往极乐世界而去念想。系念里的关键是"系",如同绳子将行者系缚于某个对象,那么这个对象是什么?注意,**"得聞如是無量壽佛無量無邊不可思議功德、名號、極樂世界功德莊嚴"**,这个对象就是佛名(极乐世界)。根据《无量寿经》,由于阿弥陀的本愿中就将无量功德注入了自己的名号,其名号本身是极乐世界外彰显其佛土功德庄严和阿弥陀佛不可思议功德的表征,因此"系念不乱"里行者被系缚于极乐国土那个方向的依赖就是名号,是因着念佛名号想念着阿弥陀佛的至善和极乐世界的好而想念不乱。 佛教对第六意识描述其如猴子,不断攀援,妄想不断,如果我们以"系念不乱"是指专念佛名时心灵在这不断念诵的声音外毫无其他念头整一日,也就是"一心不乱"作为禅定,那么就理解错了"系念不乱"的含义。系念不乱中的"不乱"是指意识主要的方向没有偏差,如前面"思惟"里指意向所说,念佛时主要思维的对象并不是希求死后继续在此娑婆世界再过一世,或者成为天人,或者生于大富之家,或者投生阿弥陀净土外的国土,而是念佛时希求西方极乐,这就是意识的主要方向,未偏离于此,即是不乱。至于在此期间有不相干的念头涌上和出现,这对于意识的方向并不造成影响,意识主要的方向不变化即是不乱。正如一学者写一著作时,会迁延数日、月乃至年,其著作无论多厚,乃是处理同一主题,则在其对着电脑的写作过程中,他都在"系念不乱",因他思维的方向都是对着那个主题,虽然他在写作过程中当然还会有很多别的不相干的念头涌出,但这并不会打扰到他。还比如我们在等待一个法院判决,或者等一笔奖金的名单上包不包括自己,等一个学校有没有录取自己,这段等待的时间里我们一直惦记着这个结果,如果是攸关自己生活和发展的结果,我们在等待期间的惦记,即使因为我们每天还要做很多事,对我们来说是一直在心上的,惦记就是系念,其他的事并没有影响到我们对它的惦记,这就是不乱。当然,依据《阿弥陀经》此段修行里的一日夜乃至七日夜里的"系念不乱"并不仅仅依靠我们心里惦记极乐世界,希求往生,而是同时伴随着名号的念诵,阿弥陀名号的念诵令系念不断更为容易,它像个有方向的绳子引导、加强、捆缚了我们的意向、惦记,念佛时意识既可以以阿弥陀名号本身为念想的对象,因其本身就包含了指向极乐世界的无量功德,也可以以对极乐世界的种种好、阿弥陀佛的庄严至善为思维对象。因此,《阿弥陀经》的**"闻已思惟"**、**"系念不乱"**的说法,是《**无量寿经**》里**"闻名欲往生,皆悉到彼国"**的原则的延伸而出的

修法。其中的"思惟"、"系"就是对"欲往生"里欲求的一种描述,听闻名号、欲求往生,念佛的一日夜乃至七日夜中就是在不断听闻名号欲求往生中度过,欲求里的"欲"的生发和维系也在于不仅听闻得别人念佛,自己也在念,不断念的动机就是不断欲求往生的体现,这就是一心不乱的含义。如果我们将一心不乱与某种念佛三昧、止观联系,变成一种修行功夫,那么绝大部分人由于无法达到念佛中毫无念佛外的妄想,无法持续的毫无散乱、昏沉,会不断担心自己的念佛境界、后悔刚才意识攀援至别的一些想法,那么这种不断地担心和后悔就成了意识的主要惦记对象,那么就不是在念佛,而是在念烦恼。"念"在佛教里并不仅仅是念诵的意思,还是意识的忆念、意向、欲求等等含义,英语译本中将念佛里的念译为"keep it in mind"(把它保持在心灵里),我们日常用语里思念、惦记这些词的含义更接近念佛里的念。《阿弥陀经》里的往生修法就是我们在一日乃至七日里念佛,不断惦记阿弥陀佛、思念阿弥陀佛、思念极乐世界,不断地用佛号声提醒我们,佛号自身的无量功德维系着我们的"念",消着我们的罪,不断的用佛号创造着我们在极乐世界往生后的更高的品级,我们的意识和其方向被佛号牵引、维系、浸泡,虽然我们的意识细节内容在变化,有所谓妄想和昏沉,但就如我们在晒日光浴时也会有朋友经过而不得不聊会天,这不会影响我们现在的活动正是在晒日光浴,不论我们在晒的过程中遇到多少偶然的聊天,我们的皮肤颜色都一样会加深,正如我们念佛时意识的散乱不影响念佛的效果。无量寿佛亦是无量光佛,佛号本身就如日光,一心不乱,或者说系念不乱创造的往生力量和功德并不来源于你的意识能多紧地缠住佛号,而是佛号在捆绑我们,缠住我们,笼罩我们,就如阳光是从太阳出发晒向我们,包裹我们。念佛和念佛期间意识散乱妄想的关系也如同我们坐地铁时的情况,我们上了地铁,知道它会到时带我们到达地点,地铁上我们跟朋友说话、看书或者做什么都不影响我们是在不断向一个目标运动的地铁上,地铁在动,承载着我们,我们并不需要在地铁里狂奔,试着从车尾跑到车头来更加接近终点。我们念佛时,是系念于阿弥陀佛,更是阿弥陀佛通过佛号系念我们,牵引我们,承载我们,自然会将我们带向极乐,期间我们自己意识非禅定状态,有散乱、妄想的状态完全不会影响系念的力量。

下为鸠摩罗什大师和玄奘法师译文对照:

鸠摩罗什大师译文	玄奘法师译文
舍利弗,若有善男子善女人,闻说阿弥陀佛,执持名号。	又舍利子。若有净信诸善男子或善女人。得闻如是无量寿佛无量无边不可思议功德名号极乐世界功德庄严。闻已思惟。
若一日、若二日、若三日、若四日、若五日、若六日、若七日,一心不乱。	若一日夜。或二或三。或四或五。或六或七。系念不乱。
其人临命终时,阿弥陀佛与诸圣众,现在其前。	是善男子或善女人。临命终时。无量寿佛与其无量声闻弟子菩萨众俱。前后围绕来住其前。
是人终时,心不颠倒,即得往生阿弥陀佛极乐国土。	慈悲加祐令心不乱。既舍命已随佛众会。生无量寿极乐世界清净佛土。

3.4 慈悲加佑，令心不乱

　　以上我们对于一心不乱已经做了阐释，现在看传统理解上最后一个往生要素，临终时"心不颠倒"。我们前文已提到，"系念不乱"和临终时"心不乱"（即罗什译文中"心不颠倒"）需合起来理解，因为玄奘大师译文中很明确，两者间是如果 - 那么的逻辑关系：**"若有淨信諸善男子或善女人，得聞如是無量壽佛無量無邊不可思議功德名號極樂世界功德莊嚴，聞已思惟，若一日夜、或二、或三、或四、或五、或六、或七，繫念不亂。是善男子或善女人，臨命終時，無量壽佛與其無量聲聞弟子菩薩眾俱，前後圍繞來住其前，慈悲加祐令心不亂，既捨命已隨佛眾會，生無量壽極樂世界清淨佛土。"** 也就是说，如果有凡夫做到了我们前面所述的**"聞已思惟，繫念不亂"**，那么这样的凡夫在临终时，阿弥陀佛等圣众会现身在他身边，以圣众的力量令此凡夫心不乱（心不颠倒），然后便寿终往生。临终的心不颠倒并不取决于此人临终时的念佛功夫或其自己控制的意识状态，其远因是其生前系念不乱所获得的自然结果,直接近因则是临终时阿弥陀佛等圣众的出现。换言之,心不颠倒完全是他力的作用,而想获得临终时的他力作用,其完整的条件就是生前曾经对极乐世界和阿弥陀佛**"闻已思惟,系念不乱。"**因此,临终的心不颠倒完全不是个往生正因,而是对往生时状态的描述,往生正因是**"闻已思惟,系念不乱"**,做到了自然临终时心不颠倒。比较传统上依据的罗什译本,我们可以看到为何传统理解上认为心不颠倒似乎是一心不乱之后又要行者自行实现的作为:**"其人(有过一日至七日念佛一心不乱的人)临命终时,阿彌陀佛與諸聖眾,現在其前,是人終時,心不顛倒,即得往生阿彌陀佛極樂國土。"**罗什译本中首先对阿弥陀佛等圣众现在此人面前这一事实和此人的心不颠倒的逻辑关系未明确,容易被理解成并列关系。 也即是我们必须做到阿弥陀佛等圣众现身时,我们自己把持自己的心令不颠倒。但玄奘大师译本中则明确了这两者不是并列关系,而是因果关系:由于阿弥陀佛等圣众现前,他们慈悲加庇了行者,所以此人心不颠倒。其次,罗什法师译本中"是人终时,心不颠倒,即得往生…"里"即得"一词容易与前面的"是人"结合在一起理解,翻译成"这个人如果临终时心不颠倒,那么就往生…"。而这里的"即得"实际上不是"那么就"的含义,而是"马上就"的意思。玄奘译本中明确了此点:**"是善男子或善女人,臨命終時,無量壽佛···來住其前,慈悲加祐令心不亂,既捨命已隨佛眾會,生無量壽極樂世界清淨佛土。"**也就是说,此人临终时,阿弥陀等就现前,他们使此人心不颠倒,然后此人就寿终跟随圣众去了极乐世界。临终的心不颠倒和往生仅仅是时间关系,而非条件关系,心不颠倒亦非由行者所为,而是圣众现身的力量,圣众临终时的现身又是由于行者曾生前一日至七日闻得佛号和极乐世界,系念不乱。因此,我们净土修行者如果依据《阿弥陀经》修行,不需要担心是否临终时可以做到心不颠倒,因为这个状态一定会自然实现。在《阿弥陀经》所有根据藏文或梵文的英语译本中这一点也很明确,

Śāriputra, if those sons and daughters of good family hear the name of the Bhagavān Tathāgata Amitāyus and keep it in mind unwaveringly for one, two, three, four, five, six, or seven nights, when the hour of their death arrives, they will depart in an undeluded state. (1.11 The Display of the Pure Land of Sukhāvatī, 2011).

曾经对阿弥陀佛一日乃至七日系念不乱,则此人临终时心不颠倒。

至此,我们已经对《阿弥陀经》(《称赞净土佛摄受经》)内以传统理解最容易引起行者焦虑的文段进行了阐明。实质上此段落全体都在阐明和延伸无量寿佛的本愿:**"其佛本願力,聞名欲往生,皆悉到彼國,自致不退轉"**。不可以少善根福德因缘得生彼国意即需要听到过阿弥陀的名号才能往生,听闻过阿弥陀佛就是多善根福德因缘。一心不乱就是对极乐世界的至善和阿弥陀佛的名号**"聞已思惟,系念不亂"**一日至七日,此后便会临终时被阿弥陀佛等圣众接引,平静的往生。

因此,无论依照《观经》九品修法,还是按照《阿弥陀经》修法,往生都不是一件困难的事,听闻过佛号的人本身已有大善

根,在此基础上仅需欲求往生便可获得往生的确定性。以上即为我们对《阿弥陀经》内关键经文的解释。

3.5《观经》与《佛说阿弥陀经》

我们前面的阐释中几乎仅仅限于《阿弥陀经》自身，虽然也联系了与它有密切关系的《无量寿经》(《阿弥陀经》又称《短无量寿经》)。如果考虑到《观经》在善导大师主张中的核心地位，需要如何考虑《观经》和《阿弥陀经》的关系？我们需要再次回到《四贴疏》中已引用过的一段话：

> 證云，一切罪障凡夫不得往生者，云何對治彼難，成就信心，決定直進，不生怯退也。答曰：若有人多引經論證云不生者，行者即報云，："仁者雖將經論來證導不生，如我意者決定不受汝破。何以故？然我亦不是不信彼諸經論，盡皆仰信。然佛說彼經時、處別、時別、對機別、利益別。又說彼經時，即非說觀經彌陀經等時。然佛說教備機，時亦不同，彼即通說人天菩薩之解行。今說觀經定散二善，唯為韋提及佛滅後五濁五苦等一切凡夫，證言得生。為此因緣，我今一心依此佛教決定奉行，縱使汝等百千萬億等不生者，唯增長成就我往生信心也。

可以看出，《观经》与《弥陀经》作为专讲西方净土法门的经典，与其他经典区别开来，因为其他经典与此两经所说时的因缘不同，具体表现于：时间、地点、所对众的机缘、所宣教授的利益皆不同。而《观经》与《弥陀经》之间也并不是宣教缘起相同的经典，善导指出此两经**"說教備機，時亦不同"**。这种不同在于《观经》只是为了韦提希和佛灭后的一切凡夫宣讲，《弥陀经》则说人、天人、菩萨都适用的对净土的理解和修行。判断佛宣讲说教备机的因缘就在于看佛宣讲时的请法人是谁，他或她就代表了此经首先泽被的众生种类。《观经》里请法人是韦提希，她是凡夫、女性，毫无任何先在的修行境界。《阿弥陀经》中请法人是舍利弗，他是大阿罗汉中修行杰出的代表。再看两经的最后宣说利益部分，《观经》最后，**"爾時世尊說是語時，韋提希與五百侍女，聞佛所說···豁然大悟得無生忍。"**《阿弥陀经》文末则依然是与舍利佛对谈：**"舍利弗當知，我於五濁惡世，行此難事，得阿耨多羅三藐三菩提。為一切世間，說此難信之法，是為甚難。"** 因此无论是从应机角度还是利益部分而言，《观经》都从所有世间众生里挑出了韦提希夫人（乃至其侍女）作为宣讲对象，也就是普通凡夫。而《弥陀经》中始终以舍利佛作为对谈对象，最终并没有拣择众生里特别被利益的一部分众生，因此可以认为《阿弥陀经》首先为声闻乘大阿罗汉讲，也即出家人讲说，其次为所有世间众生讲述。这表明了善导大师为何说：**"《阿弥陀经》即通說人天菩薩之解行。今說觀經定散二善，唯為韋提及佛滅後五濁五苦等一切凡夫證言得生"**。因此，从遇缘的角度而言,《阿弥陀经》首先为有修行条件和境界的出家人讲述,虽然宣说对象也包含居士凡夫、天人等,而《观经》纯粹为毫无任何修行境界的凡夫居士讲述。因此善导大师的意见是,我们作为居士,以《观经》为最应机、最适合自己、所遇缘分最对的教导。这样我们也可以理解为何鸠摩罗什大师翻译的《阿弥陀经》从表面看容易造成往生需念佛三昧境界的理解。鸠摩罗什大师意译的译本因此也并非不准确,而是更适合以解脱为其生命首要责任的出家人。传统和流行理解中将"一心不乱"理解为一种禅定境界也有了依据,只是这并非合适我们罪业深重、完全依靠他力的在家居士。我们前文依据其他译本来理解《阿弥陀经》也是站在了《观经》的角度上去看所得。实在而言,纯粹作为适合在家居士的修行,我们始终相信和实践九品往生中不同往生品位的修法。而对于更喜好《阿弥陀经》的在家凡夫居士而言,我们也依靠前面不同译本,分析出不同于流行理解,但始终有经典依据的认知。从遇缘解脱的角度而言,我们解读出的《阿弥陀经》的主张和流行理解"一心不乱"为三昧的主张,亦是相融的,只是两种主张对机不同。

下为两经应机对照表:

经名	佛说观无量寿佛经	佛说阿弥陀经
请法人	韦提希	舍利弗
代表	凡夫	大阿罗汉
受利益者	佛灭后五浊五苦凡夫	一切人、天、菩萨

因此在实践中,我们主张依据《观经》中品中生的修法,一日夜

行八关斋戒,在斋戒过程中念佛,然后以此功德回向往生。由此不论以《观经》体系还是以《阿弥陀经》内的规定,我们都可以明确地在临终往生。当然,如果行者更爱读大乘经典或别的陀罗尼,那么在一日夜八关斋戒中不念佛,而是读他所喜爱的经典或陀罗尼后回向往生也有同样效果。就凡夫而言,《观经》是更应机的经典,由于很多凡夫并不是《阿弥陀经》里规定的"定善"、"净信"的"善男子善女人",就凡夫而言往生的最低标准应以《观经》为准绳。《观经》内十念就可以下品往生,一日夜斋戒回向可以中品,念诵《普贤行愿品》可以上品往生。

以上对《阿弥陀经》的阐述已经说明了念佛者不需焦虑其念佛功夫,也不需担忧其一生所为是否善行太少,而只需在人生中的任何一天,以一日夜佛号声中想念阿弥陀佛"系念不断"为修行,即可自然临终往生,若达到七日佛号修行,则往生品味更高。然而,我们并没有完全正面地回答何谓临终时刻,因此我们下一章讲述如何理解临终时刻。

第四章

临终时刻

我们于前章已述对《阿弥陀经》里往生所需三大环节的
主张，就是多善根福德因缘，一心不乱，和心不颠倒。我们在最
初提到传统上对此段理解时设问了何谓临终时刻，然而，由于玄
奘法师译本已提到临终时刻的心不颠倒全部由于阿弥陀佛等圣
众他力现前的加持，所以并没有回答临终时刻和临终见佛是怎
么回事的问题。之所以专门留此问题于此章解决，在于临终时
刻的确定，临终时阿弥陀佛等圣众的现身接引这两个合二为一
的问题并不限于《阿弥陀经》。在我们的根本依据经典《观经》
中，九品中每品都明言此人命欲终时有何现象，然后往生。尤其
值得注意的是，从中品下生到最后的下品下生的恶人门，这四品
凡夫被描述往生时都有述及"命欲终时遇善知识"，说极乐世
界和阿弥陀佛功德乃至大乘经名字，此人因临终闻法或说佛号
而往生。这样带给读者的印象是临终时能否念佛，或者有正知
见极其重要，再结合对《阿弥陀经》里临终时"心不颠倒"的

传统理解,似乎《观经》和《阿弥陀经》都强调了同一件事,即往生最重要的功夫在于临终时念佛,而由于临终的时刻与意识状态的不确定性,我们还是需要有强大的念佛功夫,以至于可以临终时清醒地念佛,召唤来阿弥陀佛等圣众,从而往生。如果作了这种理解,那么我们前面所阐释与发展的一切都在居士实践中没有了理论基础,所以关于临终时刻和临终状态与往生的关系需专门研究。

首先我们需要注意,就《观经》而言,前五品都明确地没有提及临终念佛,其行文都是指出了行者需作何发心,作何行为,以此功德回向,便会临终时遇得阿弥陀佛及其眷属现身往生,只有从中品下生开始提及了临终闻法闻佛而往生。为何如此? 比较九品差别,上三品为遇大凡夫,也即大乘发心凡夫,中两品为遇小凡夫,即欲求自我解脱的凡夫,中品下生为行世善凡夫,他们"孝养父母,行世仁慈",而下三品众生为遇恶凡夫,他们或者做了五逆十恶外的诸恶,或者做了受戒而又毁戒等大恶,或者做了五逆十恶。这后四品众生之所以需要临终时闻法闻佛而往生,显然是因为他们生前从来就和佛法佛教没有接触,或者接触了故意违逆。他们的特点是,平生从未有向往净土的意向,那么自然,他们需要临终时向往极乐方可得之。《观经》之所以描述这四品平生与佛教无缘的众生需临终念佛往生,恰恰因为念佛功德无与伦比,即使在最后一刻得知需念佛,亦会被阿弥陀佛听闻而拯救。但普通人传统理解里,正是因为临终时念头和意志的功德极为强大,胜过平时念头功德数倍,所以临终一念最为紧要,乃至于行者的临终一念决定后生趣向,所以临终时念佛令恶人也得往生。究竟该如何理解?

4.1 大乘佛教的临终死亡理论

　　首先,我们需要回顾佛教的临终死亡理论。《瑜伽师地论》[⑨]开篇有佛教里对死亡的划分。死亡的原因被分为**"寿尽故死"**、**"福尽故死"**、**"不避不平等故死"**,分别对应此生业报身尽,缺乏生存必要资具,身体被意外破坏,实质而言就分为寿终自然死亡和意外横死两种。《论》中将死亡的过程分为三个阶段,窥基注解称为**"明利心"**、**"润生心"**、**"正死心"**。明利心是临终时尚有意识的阶段,能够对种种事物做出善恶判别和决定,《论》中称其为粗想现行;润生心是此意识模糊后,人失去了认知能力,善恶范畴的区分消失,人此时第七识的力量赤裸现前,只能感受到"我"即将消失,"我执""我爱"强力显现,这股力量润泽了将死人的生命,令其进入准备投生下一世的状态;然后便是正死心,此时意识完全惛昧,只有物理行动,就是"识"渐次脱离人的肉体,表现为体温退却。由于所有非圣者的第二和第三阶段是相同的,确定人的后世投生六道差别的地方显现于第一

阶段,就是明利心或者说粗想现行阶段。这个阶段人有两种状态,以善心死或者以恶心死:

"云何善心死,猶如有一將命終時,自憶先時所習善法,或復由他令彼憶念,由此因緣,爾時信等善法現行於心,乃至麁想現行,若細想行時,善心即捨唯住無記心。所以者何,彼於爾時,於曾習善亦不能憶,他亦不能令彼憶念。"

"云何不善心死,猶如有一命將欲終,自憶先時串習惡法,或復由他令彼憶念,彼於爾時貪瞋等俱諸不善法現行於心,乃至麁細等想現行。如前善說,又善心死時安樂而死,將欲終時無極苦受逼迫於身。惡心死時苦惱而死,將命終時極重苦受逼迫於身。又善心死者見不亂色相,不善心死者見亂色相。"

也就是说,人在临终时忆念起一些善行或善法,或者靠自己忆念,或者由他人使他忆念,那么就善心安乐而死。如果忆念起的是恶法恶行,那么会极为痛苦而死。尚有第三种在明利心阶段以无记心死的状态:

"云何無記心死,謂行善不善者或不行者,將命終時自不能憶,無他令憶,爾時非善心非不善心死。既非安樂死、亦非苦惱死,又行善不善補特伽羅將命終時,或自然憶先所習善及與不善,或他令憶,彼於爾時於多曾習力最強者,其心偏記餘悉皆忘。若俱平等曾串習者,彼於爾時,隨初自憶或他令憶,唯此不捨不起餘心。彼於爾時由二種因增上力故而便命終。"

所谓无记心死,便是不能自主忆念善法或恶法,也无人引导影响其忆念,他自身一生熏习的诸法里最强的那个法会自动浮现。也就是说无记心死也一样可以最后归纳为以善心结束其意识状态或以不善心结束其意识状态这两种可能。这很好理解，佛教作为以善恶功德业力的加减法而确定每人的轮回流转果报的宗教，一定会将任何无关善恶的状态还原为有关善恶的状态。注意到《论》中说以不善心死的人会看到自己的极恶果报且身体困苦，正如《观经》的下品中生和下品下生所描述的两种极恶凡夫的临终。无论以善心死还是以不善心死，都是一生串习的体现，虽然在我们引用的《论》第一段以善心死中未提及串习，但在以不善心死，以无记心死的补充文段里都提到串习的重要性，也就是一生所作的善业恶业功德正负加总的结果，或者是所作过的行为里业力最强的那个行为会压倒其他的作为临终状态。要注意，即使临终时以善心死可以是个自主意志控制的结果，其影响力最大的部分在于身体的安乐而死。真正影响下一生投胎趣生六道结果的因素是一生所习善恶业力正负相消的加总结果：

"彼於爾時由二種因增上力故而便命終，謂樂著戲論因增上力，及淨不淨業因增上力，受盡先業所引果已，若行不善業者，當於爾時，受先所作諸不善業所得不愛果之前相…當知如是補特伽羅從明趣闇，若先受盡不善業果而修善者與上相違，當知如是補特伽羅從闇趣明。""死生同時，如秤兩頭低昂時等，而此中有必具諸根，造惡業者所得中有，如黑羺光或陰闇夜，作善業者所得中有，如白衣光或晴明夜。"

总之，欲、色界众生，临终的粗想现行时（"明利心"），是由临终者个人平时所串习而起之善、不善心与其爱、不爱果前相相应的,并非一些人以为的临终一念世俗善心便可决定此人生往更好的趣处,不,实际上临终的一念善心可以令此人安乐死亡,而无法让他本来按照一生所作应堕畜生道但因临终一念投生为人。原则上而言,临终时未遇佛教大功德善法的众生以善念还是恶念作为粗想现行状态并不是他可自主控制的,而是他一生所作的结果,也不是开启和改变他下一生投胎变化的原因。事实上,临终时善念就会安乐而死正是因为此人看到了他下生会至的好趣向,恶念而死者会临终痛苦不堪正是因为他看到了三恶道,这些临终时下一生可得境况的预演是此人这一生所作所有业加总合并牵引而来的结果。这个道理在《华严经》也有述及:

"譬如有人,將欲命終,見隨其業所受報相:行惡業者,見於地獄、畜生、餓鬼所有一切眾苦境界,或見獄卒手持兵仗或瞋或罵囚執將去,亦聞號叫、悲歎之聲,或見灰河,或見鑊湯,或見刀山,或見劍樹,種種逼迫,受諸苦惱;作善業者,即見一切諸天宮殿無量天眾、天諸采女,種種衣服具足莊嚴,宮殿、園林盡皆妙好。身雖未死,而由業力見如是事。"[⑩]

《楞严经》里更为直接:

"阿難!一切世間生死相續,生從順習,死從變流,臨命終時未捨暖觸,一生善惡俱時頓現,死逆生順二習相交。"[⑪]

中国民间流传的死亡时人有"走马灯"现象,乃至世界很多民众都有如此的想法,实际上符合佛教的生死论,人生意识最后的一个阶段是对一生所作善恶功德业力进行总结,有了这样的认识,让我们回到《观经》里的临终理解。

4.2《观经》内的临终过程

　　首先,我们观察下品往生里的三类众生往生的正因是什么,"**下品上生者,或有眾生作眾惡業,雖不誹謗方等經典,如此愚人,多造惡法無有慚愧。命欲終時遇善知識,為讚大乘十二部經首題名字,以聞如是諸經名故,除卻千劫極重惡業。智者復教合掌叉手,稱南無阿彌陀佛,稱佛名故,除五十億劫生死之罪。爾時彼佛,即遣化佛化觀世音化大勢至,至行者前,讚言善哉善男子,汝稱佛名故諸罪消滅。我來迎汝,作是語已,行者即見化佛光明遍滿其室,見已歡喜即便命終。**"可以看到,经内三次提到了此人被消罪消业。下品上生的恶人直到生命终点前一直造恶业且毫不惭愧忏悔,那么一生恶业加总而言极重,他临终前因听到大乘经名字,消了千劫重业,念佛名回向消除了无量生死重罪。因为他此时临终,所以他即刻见到了这两种行为的果报,也就是听大乘经名和念佛名的果报,那就是阿弥陀佛过来接引他,此人本来是个"愚人",在做了这两种行为后,便已成为了"善男子"。

　　阿弥陀佛亦印证他是称了佛名,诸罪消灭。也就是说,并不是因为他在临终时念了佛名和听大乘经名字而得以往生,而是因为他念过佛名和听大乘经名字而得以往生,只是他恰好在临终做了这两件事,所以果报的来临很迅速,因为往生里圣众的现身本来便在临终时。我们可以反问下,难道一个人平时念佛不会消五十億劫生死之罪?佛号灭罪消业的功能难道是行者施加的?佛号如此殊胜的功德难道不是阿弥陀佛本愿力的结果吗?因此我们必须承认,一个人在人生的任何时刻念佛号都具有一样的殊胜功德,因为阿弥陀佛没有对众生的意识状态进行拣择,阿弥陀佛是慈悲和平等的。阿弥陀佛并没有因为一个人是初地菩萨,所以念佛会获得更多的功德,也不会因为一个人是凡夫而念佛获得更少的功德,对于三恶道的众生,阿弥陀佛也一样施救,何况普通凡夫。阿弥陀佛的本愿力是一定的和已经达成的,只要念其佛号则功德必然加诸行者生命中,不因行者意识状态、修行阶次而改变其难以计量的功德。下品中生的极恶凡夫,听闻了**"阿彌陀佛十力威德…彼佛光明神力…戒定慧解脫解脫知見,此人聞已除八十億劫生死之罪"**。同样的,下品下生五逆十恶凡夫,**"具足十念稱南無阿彌陀佛,稱佛名故,於念念中,除八十億劫生死之罪"**。经中从未称因临终时称佛名的缘由而除罪,而仅仅由于称佛名而消罪。由是可知,《观经》内下三品极恶凡夫往生的过程和《瑜伽师地论》内无记心死亡的说法可以结合而更清晰:

"又行善不善補特伽羅將命終時，或自然憶先所習善及與不善，或他令憶，彼於爾時於多曾習力最強者，其心偏記餘悉皆忘。"

下三品凡夫本来临终时自然忆起所习不善，然而，由于忽然遇到阿弥陀佛佛名，所以他一生曾习"力最强者"就变成了"南无阿弥陀佛"这句归命佛号所引发的功德，注意到这些下三品恶人都是听闻了善知识的教诲，说明他们都在明利心阶段看到了可怖的本来会下生的趣向，但这时遇到了佛号，改变了趣向。这恰好说明佛号力量之强大，它摧毁了此人一生极重恶业所有的串习的力量，而将他们从三恶道完全改向，变为向净土趣生。以上即为下三品众生往生的原理。中品下生的众生的往生原理也就很容易理解，他本来是世俗善人，会往生天道或人道中的优势家庭，由于生前遇到了净土法门，所以往生了净土。总之，九品中下四品凡夫的往生并非由于他们恰好临终时念佛，而是因为他们念过了佛，所以才往生。因此就更好的理解，为何九品往生中的前五品未提及临终念佛，恰好是因为他们平时就念过佛或累计过佛教的殊胜功德回向给净土，因此不需临终时念，临终时他们的被接引，他们的累计功德必然导向净土往生都是绝对确定的，根本不需要临终时做任何事或安排。

总之，一个人临终时到舍命受生的趣向就由其总业力决定，此业力是一生各个行为的业力加总出来的向量，有些行为自然带着极重的方向和力量，例如一日夜八关斋戒念佛或念大乘经后回向净土，它一项便压倒了其他所有行为的业力总和，决定了此人必然往生,即使人一生有几万天,这一天的功德便决定了此人死后的趣向。同样的,五逆十恶也是重业,它是压倒其他行为的业力。当然,《观经》中已经说明,五逆十恶的恶业也可以被念佛的业力压倒或者说消灭。由此我们可知,人并非由于临终时念佛所以受佛接引,而是只要念过佛,欲往生净土,那么临终时就会被佛接引,正如《观经》前五品和《阿弥陀经》所示。

4.3 临终时刻的确定

　　下一个问题是,事实上佛经或《瑜伽师地论》中都未曾明确是否任何类型的死亡人的意识都会经历明利心,横死者会经历明利心吗? 以我们一般想象来说,意外和暴烈死亡的情况下似乎粗想阶段或者说临终前的明利心不会出现,例如手枪爆头,比如在街上忽然被卡车撞死等等,因为从医学角度而言忽然就脑死亡,这种情况下还会有一生善恶顿时俱现的"走马灯"吗? 会出现串习善念或恶念的涌现吗? 这是个困难的问题,从佛经论的行文上看,人依然会经历明利心,即使这很难从临床人体结构想象。这个问题只是更大类的临终时刻的确定这一问题的特殊情况。我们前面已展示由于念佛功德,阿弥陀佛会在临终的明利心阶段来接引我们,现在的问题是,临终的明利心阶段究竟是死前的哪分哪秒哪小时? 明利心这个阶段是不是我们普通人想象的在人快要失去意识时,或者病床上陷入昏迷至脑死亡之前的时间? 我们前面的结论是,只要曾经念佛欲往生,做到过

《阿弥陀经》的规定,或者按《观经》前五品任何一品修行,临终就会有佛来迎接,慈悲加佑,令心不乱,带至净土。所以现在看如何确定这个佛来迎接的准确时间。事实上,对于想往生净土的行者而言,这并不构成一个问题。

在《佛说无量寿经》中,法藏比丘的第八愿是:**"設我得佛,國中人天,不得見他心智,下至知百千億那由他諸佛國中眾生心念者,不取正覺"**,可称为他心智愿,第五愿为:**"設我得佛,國中人天,不悉識宿命,下至知百千億那由他諸劫事者,不取正覺"**,可称宿命通愿,第六愿为天眼通愿,在《佛说大乘庄严无量寿经》中为:**"世尊,我得菩提,成正覺巳,所有眾生令生我刹,一切皆得清淨天眼,能見百千俱胝那由他世界麤細色相"**。由于极乐世界已经形成,显然极乐世界内所有众生都具有宿命通和他心智,即洞察无数国土众生所有曾经的事由、行为,所有曾经的念头、现在具有的念头,由于未来命运就是由过去所作积累的业果和现在起心动念以及环境的因素合力而成,而天眼通令极乐众生对无量国土物质性的部分发生的事件都会直观到,因此极乐世界的众生本来便可以观察到无量他方众生的过去、现在并了知其未来,显然,阿弥陀佛作为佛国的缔造者,其神通只会更远远超越其国土内的众生,做到遍知遍觉。也就是说,阿弥陀佛对一切世界、十方世界所有的事情,所有众生的过去所作、现在所为,业力走向,悉知悉见。我们任何凡夫每次的起心动念,我们世界里的一场雨下了多少滴,如来悉知悉见。当然,我们曾经念过佛,如来也是了知的,我们业报身将尽的时刻,阿弥陀佛亦是了知。即使我们意外的横死,在其发生前的一刻,阿弥陀佛亦了知预见。由此可知,我们并不需要晓得自己临终时刻的细节,它究竟在何时到来,因为它到来的时刻,阿弥陀佛就会过来,因为阿弥陀佛本来便知道临终到来的时刻。阿弥陀佛会在那个连我们都不确定的临终时刻过来,因为这就是他的本愿,他与我们的契约,我们只要曾经念佛欲往生,哪怕只是在我们的一生中仅发生过几十秒,我们念了十遍南无阿弥陀佛,我们也会临终时见到阿弥陀佛。何况我们按照中品中生的做法,曾经修习过一日夜八关斋戒回向往生,我们此生的定业已成,此一日修行后便等于被授记、被注定要往生,我们的临终无论如何发生,都会见到阿弥陀佛及其眷属,然后往生。

这个理解在《观经》九品内描述临终佛身现前的情景都可以印证,其中最显明的一处依然在下品上生处:**"下品上生者。或有众生作众恶业…命终时…以闻如是诸经名故,除却千劫极重恶业…称佛名故,除五十亿劫生死之罪。尔时彼佛,即遣化佛化观世音化大势至。"**我们这里想强调的重点是,在临终的时候阿弥陀佛就派遣化佛来现身给此人,临终所见的佛不是念佛人观想出来的,这个造恶者也根本不具有观想出佛的能力,而是由阿弥陀佛在极乐国土的报身差遣、派遣化身佛和观音与大势至的化身形式来到此人身边。也就是说,临终时阿弥陀佛的现身是阿弥陀佛的作为,是完全决定于阿弥陀佛的,而不是决定于行者当时的作为,也绝不是被临终时行者的意志所召唤来的,或者念来的。如果说下品众生的描述都是临终闻法,其中可能尚有歧义的话,上品下生里佛在临终的出现并不出于行者临终的召唤则更为明显:**"上品下生者…彼行者命欲終時,阿彌陀佛及觀世音并大勢至,與諸眷屬持金蓮華,化作五百化佛來迎此人。"**行者命终时,阿弥陀佛的化身自己过来迎接行者,安慰行者,与行者本人意志无关,只与其本人是否曾满足了九品中一品的条件有关。九品互相之间主要区别之一便是临终时化佛及眷属现身的情景各个不太相同,但化佛的现身显然都是由报身佛派遣,过去迎接将死的行者的灵魂,是阿弥陀佛派遣化佛去迎接,而非行者召唤来的化佛。因此,就如正常的寿终里死亡的发生,死亡的时间、地点都不决定于我们,我们的临终时刻也不决定于我们的意志,死亡何时发生,以何种形式发生我们不需要了解,也不需要控制,因为最了解我们各自命运的圣者是阿弥陀佛,我们业报身何时将近,何时来迎接我们,阿弥陀佛皆知皆安排,可以说,佛在临终时刻的现身是佛的责任,不是我们的责任,我们只需信任此点即可。因此,无论我们遇到了地震、海啸、核爆而横死,还是被流弹忽然击中,还是忽然因怪病陷入昏迷,还是寿终正寝按意识慢慢退却的方式而死,只要曾经做到过九品往生中某品的条件,或者按《阿弥陀经》曾念佛一昼夜,便必定会获得佛的现身接引往生,佛的智慧与慈悲无限大于我们,我们仅需信任即可。所以,临终时刻的问题对净土法门的修行并不是个问题,它本身已被阿弥陀佛的愿力消解,临终时人的意识状态的问题,亦不是问题,都会获得阿弥陀佛化身佛现身,慈悲加佑导致带领往生的自动过程。对于已经发愿往生净土的人,在念佛的时候,佛是知道的,我们在发愿的时候,佛也是知道的,每一个人何时发的愿,念了多少佛,阿弥陀佛悉知悉见,其实都从我们平生发愿往生念佛后的一刻,便被授记,此人临终时佛现身是自然的事。

总结而言,无论按《观经》还是《阿弥陀经》的修法,净土行者都不需担忧临终,阿弥陀的本愿是"闻名欲往生",十念便可往生,而非临终闻名方可往生,在净土三经中都不存在这种读法。如果我们按传统理解,极其担忧临终时刻的状态,认为临终的意识状态最为重要,直接决定能否往生,那么最容易确定往生的办法是马上从高楼上跳楼自杀,坠楼的过程中不断念佛名号然后脑浆满地,则按理讲临终前刚好在念佛,可得往生的确定。显然这是个极其荒谬的行为,然而,如果我们不真正彻底理解为何这种行为是荒谬的,也就是确切地明白往生并不决定于信仰者的临终意识,而是阿弥陀佛与我们平生关键行为(八关斋戒或念佛或念大乘经或发菩提心等等)构成的契约的结果,这种荒谬的想法便始终不能被根除。

我们对净土往生的理解与主张至此已陈述完毕。从根本而言,我们重视和应用遇缘解脱的思想方法,来理解往生的因缘标准,理解和圆融不同的净土宗派,以及解决净土学人的修行焦虑的境遇。我们的理解基于《观经》九品和善导大师对它的注释,我们虽以很多笔墨讲述了对《阿弥陀经》关键经文的理解,然而我们依然认为从凡夫应机而言,《观经》是高于《阿弥陀经》的,正如善导在《观经疏》言《阿弥陀经》应机声闻,《观经》

应机凡夫。然而一切的原则最终是遇缘往生,其中最低的标准是"闻名欲往生"即可往生,如《观经》下品下生所示。

走向大乘的往生法门之遇缘解脱

我们前面已经讲述了以善导大师解释《观经》九品往生，即遇缘解脱的主张。亦通过《阿弥陀经》关键经文解释了"系念不乱"，依靠思念阿弥陀佛和向往极乐世界的念佛来往生的方式。实践中，我们已提到是用八关斋戒一日夜期间不断念佛来起码获得中品中生的往生修行。依靠这种方式来往生有坚实的圣典依据。往生并不是极其困难的事情，而是极其容易可以做到的事。只要做过八关斋戒回向往生，或一日至七日念佛，或如我们的实践里一日夜既斋戒又念佛，以个人解脱为诉求的往生便是极其确定的事，我们生死问题在此后已实际解决，那么我们现世确定了临终后一定会往生的宗教生活的意义也就改变。

首先我们依旧回顾流行观点里净土修行者宗教生活的意义。这种观点里首先认为一位修行者平日散念或专门念佛名号是为了往生，或为了积累足以往生的福报。也就是说不断念佛是为了能往生，就这种观点我们已经展示了否定的看法。只是为了往生,可以依靠九品内任何一品而修行便能往生,如依靠念诵大乘经典等,即使只是依靠念佛名号,也只需一日至七日。另一种观点,认为多念佛是为了自己往生后提高往生品位,那么这也并不符合经典,因为上三品往生各自有明确的不同的修行。如果仅仅为了自己往生品位变高而多念佛,事实上发心依然还是个人解脱,都属于遇小凡夫,即使念佛名号极多也是在中品内,因此这种想法也并不符合圣典。另外,如果念佛多是为了达到能预知时至而坐化往生,那么这依然是一种个人追求,发心依然为小乘发心。如果以此为追求,实际则摈弃了阿弥陀佛无限慈悲和功德他力这个无量的依靠,是依靠自力的办法。这种发心是小乘发心更可以从对他人的影响上看出,当宣说展示自己念佛很多是为了自己最终能坐化时,其他的净土同修只会感到自卑,失去深信(深心),他人会认为自己没有这么高的念佛功夫,所以无法往生。实际我们前面已展示,临终状态是不需担心的,自己为了往生完全不需预知时至或坐化。

我们在本章前详述的往生的不同门槛,尤其强调的中品中生,已经可以令我们安心于仅靠一日夜持戒修行,便会令自己往生。也就是说,我们的生死问题已经交给了阿弥陀佛,经过一日夜斋戒念佛,我们都会往生。但正是基于此,我们在这一日夜后的宗教生活也就有了新的意义。我们在此后如果想再念佛名号时就并不是为了自己去往生,因为这已经解决了。我们在一日夜斋戒外的念佛首先是种度化众生的行为,是为了让可以听到佛名的众生与净土结缘,种下未来净土解脱的种子。如果念佛名号时旁边没有其他众生,那我们是带着感恩阿弥陀佛的心态去念佛名,去感激他对我们临终时必然的救助。

　　念佛名号令听到的众生结缘,给予它往生净土的远因甚至近因,《金光明经》流水长者子品中有个生动的故事⑫。流水长者子见有一群猛兽围一大枯竭水池里吃其中鱼,鱼有万条,他心生悲悯,便将野兽们轰走,试图找水救鱼。他求助于曾被他治好病的国王,国王许他二十头大象从一河以水囊取水让大象背负至枯水池中,万条鱼终于得救。这时长者子注意到他在岸边行走,鱼便在池中跟随他,长者子认为这是因鱼群饥饿,又回家带了鱼食跑回池中喂鱼。喂鱼后,经中言:**"我今已能與此魚食令其飽滿,未來之世當施法食。復更思惟,曾聞過去空閑之處有一比丘,讀誦大乘方等經典。其經中說,若有眾生臨命終時,得聞寶勝如來名號即生天上。我今當為是十千魚解說甚深十二因緣,亦當稱說寶勝佛名。時閻浮提中有二種人,一者深信大乘方等,二者毀呰不生信樂。時長者子作是思惟,我今當入池水之中為是諸魚說深妙法,思惟是已,即便入水作如是言。南無過去寶勝如來應供正遍知明行足善逝世間解無上士調御丈夫天人師佛世尊,寶勝如來本往昔時,行菩薩道作是誓願,若有眾生,於十方界臨命終時聞我名者,當令是輩即命終已尋得上生三十三天。爾時流水復為是魚,解說如是甚深妙法(十二因緣)…爾時流水長者子及其二子,說是法已即共還家。是長者子復於後時,賓客聚會醉酒而臥,爾時其地卒大震動,時十千魚同日命終,既命終已生忉利天。"** 所以这个故事后来的走向是鱼最终没有得救,最终因地震而全横死了,但因流水长者子曾对他们宣说宝胜佛名和十二因缘,万鱼因此往生至三十三天成为天人。长者子依赖的辗转听说东方宝胜如来名号本愿,为鱼念宝胜如来名号而令鱼得以往生,其原理与我们西方阿弥陀净土是相同的。这个故事里最值得注意的还有鱼群的命终并不是听完名号后立即命终,是在流水长者子回家与宾客汇聚和醉酒后,有地震,鱼群才命终,但鱼群依然往生。这个圣典故事因此也印证了只要听闻过佛名,其功德便是极大的,是可以令听闻过的众生往生的。因此,我们曾说人需要宿世有极大的善根、福报才能此世接触净土法门,那么其可能的前世因之一是曾经有净土行者在我们尚不是人身时在我们身边念过阿弥陀佛名号,因有此类前世宿缘,今世人才能以凡夫人身接触净土法门。不论我们前世是依靠极大的善行和修行,还是依靠别人念诵阿弥陀名号令我们今世接触净土法门,这个故事都述说了我们可以今世对众生做流水长者子对鱼群做过的事。我们可以对着家中宠物念佛,可以对菜市场里待宰的动物念佛。我们也可以在家人朋友身边提阿弥陀佛的名字,以至于不是为了劝说他们信仰净土法门,而仅仅为了让这名号无量的功德沐浴听到的人。这些行为都为他们种下了净土往生的因缘,从而令他们有解脱的远因。而正因为这样的动机,我们这样的念佛也令我们的行为成为大乘行。

当我们身边没有人,我们却在念佛时,那动机是作为一种感恩阿弥陀佛,感恩他已经授予了我们临终后必然的往生。当然,这也造成准提宗成立的理由,准提行者的日课并不是念佛名号,而是念诵准提咒和观想准提菩萨,以求世间法意义的成就,从世间资财、子女入学,到寻找美满眷属等等,都可以以准提咒求。这样的求索是可推荐的,正因为我们的生死解脱问题已交给了阿弥陀佛。也正因为我们即使在求索世间成就时,我们依然希望这自身的世间成就不仅仅相关于自身,而是一旦成就,就作为一种表率,作为可以与更多人结缘的连接方式。这样,世间一切价值的实现也都变成了可以令他人与佛法结缘的桥梁,而正因世间皆苦,而我可以念佛名号,其声音可以波至其他众生之耳,从而此苦世间也变为我们救度世间播撒阿弥陀种子的熔炉。也就是说,我们可以将世间看成尚需沐浴阿弥陀佛佛光的前净土,一种净土的土壤,或者说,是尚未实现成为净土的佛国。我们诸多的行为,为世间法成就的付出,为他人出世间而作的念佛,就都成为了菩萨行。这是我们认为在遇缘解脱的基础上,我们一日一夜为往生修行后其他时间的宗教生活的意义。

当然,如此的菩萨行并不是为了往生的必备选项,这样的动机和菩萨行虽然在理解遇缘解脱后并不难做到,甚至可以自然做到,但如果居士只以自身往生解脱为目的,依据中品中生的修法,一日夜持戒念佛后再无宗教生活,事实上,也可以往生。阿弥陀佛的慈悲就是这样无边无际,如无量光明,遍照一切向往极乐的众生。

最后,本书虽写作中反复琢磨经文和注解的含义,却并非学理的动机,行文亦着眼于教内同修,而非学术界人士。我们的目的只是阐释《观经》和善导疏中本就存在的遇缘解脱之义。

虽然我们确信其中的学理部分并无问题,但我们更相信,任何有缘读到此书的读者,亦会遇缘解脱,此人必与善导大师有缘,与高七师有缘,与阿弥陀佛极乐净土有大因缘,读者读完本书,便吸收了显明的往生之道,此生必得往生净土,南无阿弥陀佛。

后序

我在准提法上做了几十年（1997-2022）的弘扬，现在思考一下，在对佛教的贡献上，我还是认为，我对善导大师遇缘解脱理论的整理和推广是让我觉得一生对佛教的最大贡献。

为了大家区别遇缘解脱和日本净土真宗选择念佛法门的区别，我尝试简单说明一下。

关于自力和他力在往生作用上有三个层次的理解。

一个是认为自己能不能往生，全靠自己的修行的自力。决定往生的，是这一生的修行、自己一生积累的福报，对自己修行的评定决定了多大信心能往生。这是第一种，全部依靠自力的修行作为往生资粮。

第二种，是相信他力的获得是依靠这一生自利的修行来获得的。有多少自力就有多少他力。这是一个折中的理论。

第三种，是相信往生的福报力量源泉，全部依靠阿弥陀佛的力量和福报。就是全部依靠他力。

第三种还有不同的两种细分，一种就是"选择念佛法门3.1"就是你选择自己是善人还是恶人，是选择十念能往生，还是选择"一心不乱"往生方法和修行方法。

还有一个不同的他力理论应用，就是我们总结的"遇缘解脱3.2"，你没有什么可以选择的，遇到的缘分和善知识也是他力，宿世的福报和因缘。

其实"选择念佛法门"认为自己可以或能够选择，这也是一种自力。与遇缘解脱相比，他力的思想还是不彻底，还是认为自己有选择性，自己选择了最好的方法和最应机的方法。

因为本人对日本真宗的资料缺失，了解的不多，没有亲身体会田野调查。我暂且推测我想象的真宗的理论基础是选择了善导大师的净土方法，因此更具有：唯善导的单一性，这就导致真宗在宗派发展上具有极端排斥其他宗派的理论原因。

而遇缘解脱，虽然是更为彻底的他力。然而，彻底的他力才具有了包容性。缘起上，承认每个个体前世福报因缘的不同性。

再换个角度来说，从缘起上来讲，遇缘解脱是绝对的，你以为的自己的选择，其实还是你前世修行积累的今生的爱乐。一旦我们把这个爱乐，作为一个选择标准的时候，就会分出高低和差异以及对他人的评判，在宗派发展过程中出现的相互攻击也在所难免。

这样的对比之下，此遇缘解脱似乎更具有一些宿命论的味道，然而这是阿弥陀佛的宿命，不是我们自己的宿命，我们已经和阿弥陀佛浑然一体。就好像释迦牟尼佛一出生就被预言成佛一样,我们遇到阿弥陀佛,就是轮回的最后一生。

期待我们提炼的善导大师遇缘解脱理论,在增强修行净土的有缘往生极乐世界的信心的同时,也能推动国际佛教各个宗派和平发展,祈愿世界和平,正法久住。

参考文献

① 释太虚：《中国佛学》,《太虚大师全书》第 2 卷,第 155—169 页,北京：宗教文化出版社, 2005 年；

② CBETA, T37, no. 1753, p. 272, b23-c15；

③ CBETA, T26, no. 1521, p. 40c28. (本书中经文皆引自大正藏 CBETA 数码版 https://cbetaonline.dila.edu.tw/)；

④ CBETA, T17, no. 0842, p.916 b20；

⑤ CBETA, T37, no. 1753, p.248；

⑥ CBETA, T37, no. 1753, p.259；

⑦ THEFIVEPURELANDSUTRASp.141-164.http://ftp.budaedu. org/ebooks/pdf/EN368.pdf；

⑧ CBETA, T12, no. 363；

⑨ CBETA, T30, no. 1579, p.281；

⑩ CBETA, T10, no. 279, p.437；

⑪ CBETA, T19, no. 945, p.143；

⑫ CBETA, T16, no. 663, p.352；